Extrait du Bulletin n° 6 de la Section des Hautes-Vosges
du Club Alpin Français (1893.)

RÉCITS DE VOYAGES

DANS

L'ALSACE ROMANE

(XVIIe & XVIIIe SIÈCLE)

PAR

F.-G. DUBAIL-ROY

Membre de la Section des Hautes-Vosges du C. A. F.

BELFORT

TYPOGRAPHIE ET LITHOGRAPHIE EUGÈNE DEVILLERS

43 & 45, RUE THIERS, 43 & 45

—

1894

Extrait du Bulletin n° 6 de la Section des Hautes-Vosges
du Club Alpin Français (1893.)

RÉCITS DE VOYAGES

DANS

L'ALSACE ROMANE

XVIIe & XVIIIe SIÈCLE

PAR

F.-G. DUBAIL-ROY

Membre de la Section des Hautes-Vosges du C. A. F.

BELFORT

TYPOGRAPHIE ET LITHOGRAPHIE EUGÈNE DEVILLERS

43 & 45, RUE THIERS, 43 & 45

—

1894

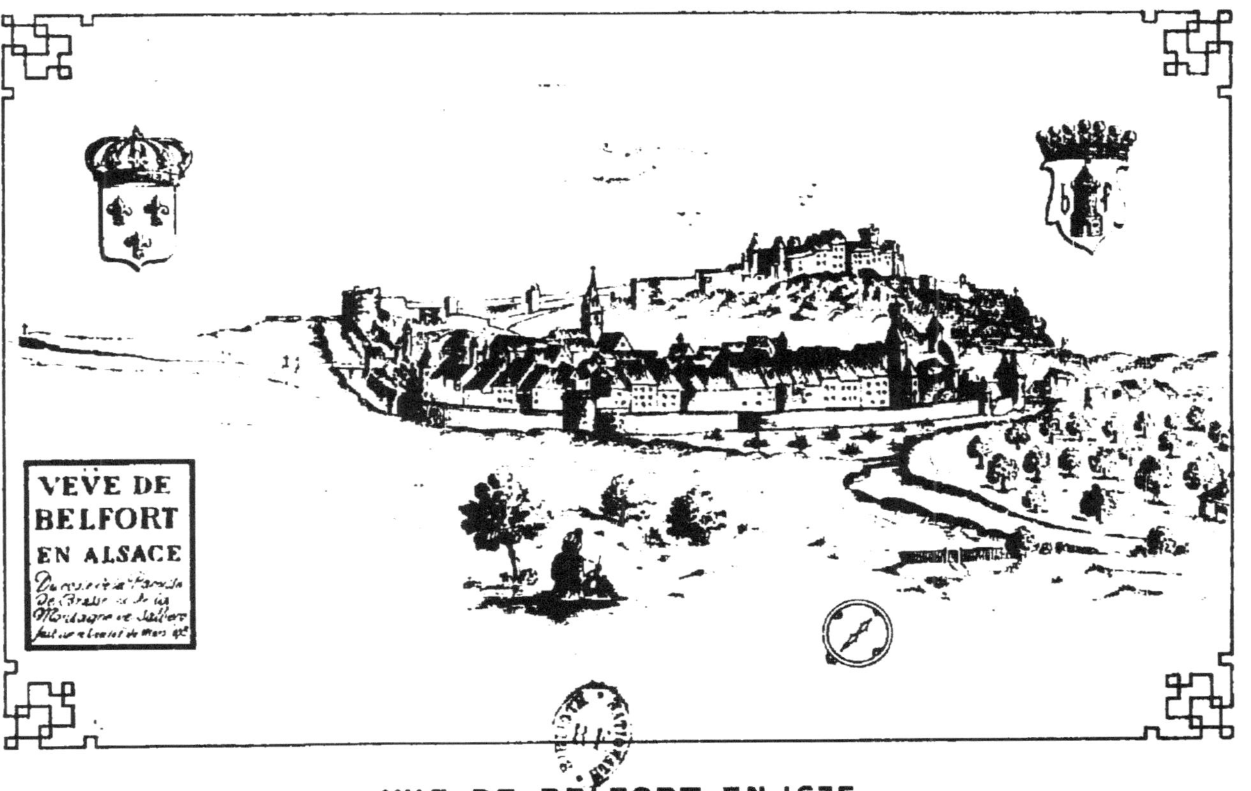

VUE DE BELFORT EN 1675

d'après le Manuscrit de l'Hermine

RÉCITS DE VOYAGES DANS L'ALSACE ROMANE

(XVIIᵉ et XVIIIᵉ Siècle)

Martin Zeiller est le premier écrivain, à notre connaissance, qui ait donné une description des localités importantes de l'Alsace romane dans sa *Topographia alsatiæ* dont la 1ʳᵉ édition date de 1644 et la seconde, beaucoup plus complète, de 1663, toutes deux imprimées à Francfort.

On attribue généralement cet ouvrage, qui renferme une cinquantaine de gravures représentant les principales villes et châteaux-forts du pays, à Merian qui n'en a été que le graveur. On y trouve des vues de Montbéliard et de Porrentruy fort bien faites, malheureusement l'auteur ne nous a pas donné celle de Belfort.

On peut dire que Martin Zeiller fut le Bædeker du 17ᵉ siècle. Il fit paraître, à la fin de la guerre de Trente ans, un *Guide du touriste* dans lequel il démontre combien les voyages forment la jeunesse et où il entre dans de minutieux détails au sujet de ce qu'il faut emporter en voyage : vêtements, couvertures, armes ; il n'oublie pas les lunettes contre la poussière, la longue-vue, la pharmacie du touriste, etc. Ce guide contient 160 intinéraires différents en Allemagne et dans les pays voisins, entre autres un itinéraire de Strasbourg à Paris, dans lequel il indique la distance d'une localité à l'autre, les choses curieuses à visiter dans chaque ville, etc. ; exactement comme dans un Joanne ou un Bædeker de nos jours.

Outre sa *Topographia alsatiæ*, notre auteur fit paraître la *Topographia sueviæ*, la *Topographia galliæ*, etc.

Nous donnons ci-après la traduction (car l'ouvrage est en allemand) de l'article consacré aux localités de l'Alsace romane :

Beffort ou Befort — Ville et seigneurie dans le Sundgau avec un château fort situé sur une montagne. Cette seigneurie touche au comté de Montbéliard et appartient au comté de Ferrette ; elle est advenue par mariage à la maison d'Autriche, et à la suite de la paix, au roi de France qui, ensuite, l'a donnée au comte de la Suze. Dans cette seigneurie, on fait un bon élevage de bétail et au bailliage de Belfort ressortissent les bourgs voisins : Chèvremont, Fontenelle, Banvillars, Urcerey, Moval, Sevenans, la Syse(1) Andelnans.

Dans cette localité, la langue est à moitié bourguignonne ou orraine. Belfort fut pris par les Suédois au mois de mars de l'année 1634 et en 1636, le 19 juin, d'après Kennitius, le comte de la Suze l'obtint par reddition. En 1653, il dut s'y défendre vigoureusement contre le prince d'Harcourt, gouverneur de Brisach, resté fidèle au roi. Ayant passé dans le parti de Condé, il fut assiégé jusqu'à ce qu'il capitula. Munster (2) dit qu'il existe dans cette ville une collégiale (3) fondée par les comtes de Ferrette.

Florimont, petite ville avec un château incendié. Avec cinq villages forme une seigneurie qui, auparavant, appartenait aux seigneurs de Bollweil ou Polweiler (4), advint ensuite par mariage au comte Fugger, et actuellement, elle est possédée par le lieutenant-général de Rosen, ainsi que le rapporte un écrivain du Sundgau. Autour se trouvent Porrentruy, Delle et Grandvillars. Florimont est situé sur un ruisseau dont le nom ne m'est pas connu, qui n'est ni la Doller ni l'Ill et qui se jette dans la rivière l'Allaine. Situé sur la route de Bâle à Montbéliard, à quatre milles de la première et à trois de la seconde. En 1643, le baron d'Oisonville s'empara du château. Il y a aussi un Blumenberg (Florimont) dans la haute Souabe.

---

(1) L'Assise était non un village, mais un des cinq districts de la seigneurie de Belfort. Elle comprenait : 1° l'Assise-sur-l'Eau avec Danjoutin, Andelnans, Sevenans, Leupe, Moval, Trétudans et Dorans. 2° la haute Assise avec Chèvremont, Petit-Croix et partie de Bessoncourt.

(2) Sébastien Munster, auteur de la Cosmographie universelle.

(3) Fondée en 1342 par Jeanne de Montbéliard, épouse du dernier comte de Ferrette.

(4) Bollwiller.

Delle placée dans l'Ajoie ou *Comitatu alsjaugensi* qui se rattache au Sundgau, appartient au comté de Ferrette. Cet endroit est placé entre Porrentruy, Florimont et Grandvillars, sur une rivière qui coule dans l'Allaine. On passe dans cette localité quand on fait le trajet de Bâle à Montbéliard. Elle a été incorporée avec son château à la seigneurie de Belfort et appartient au comte de la Suze.

St-Dizier, village en Alsace, où St-Dizier, évêque de *Rhedonensis* fut inhumé, d'après Miraeus, auteur des Fastes de Belgique et de Bourgogne (p. 545).

Grandvillars, Grandvillars, non loin de Delle, sur un cours d'eau, nommé d'après les cartes, l'Allaine, est situé dans l'Ajoie, subdivision du Sundgau. Ce bourg est aux nobles de Landau. (1)

Rosemont. Munster place le Rosemont parmi les bourgs du comté de Ferrette, mais ce que je n'ai pu vérifier.

⁎⁎

Une très intéressante description de Belfort nous a encore été laissée par M. de l'Hermine dans ses *Mémoires de deux voyages et séjours en Alsace 1674-76 et 1681* (2) Notre auteur était encore très jeune lorsqu'en 1674, il accepta le poste de receveur général de la ferme du roi à Altkirch. Il nous donne l'itinéraire et la description des villes qu'il traversa pour se rendre à son poste en nous faisant successivement connaître Nancy, Epinal, Bussang, Colmar, Brisach, Fribourg, Mulhouse et Bâle dont il décrit les monuments ainsi que les mœurs de la bourgeoisie. Il nous dit « que le plaisir d'aller dans un pays où il pourrait apprendre une langue étrangère toucha son inclination et diminua son aversion pour ce qui s'appelle : *Maltoste*. » Il arriva donc à Altkirch où il ne tarda pas à faire des connaissances et des amis dont il garda le meilleur souvenir. Il apprit l'allemand et le pratiqua assez bien pour ses relations avec les baillis et le public soumis aux gabelles.

M. de l'Hermine nous raconte (p. 123) que le P. Frantz qui n'aimait pas les Français parce qu'ils avaient mis le feu par mégarde à l'abbaye de St-Morand et par suite, l'avaient

---

(1) D'Andlau et non Landau.
(2) Mulhouse, 1 vol. 1886, chez Bader.

délogé, lui parlait « de la vie que nos gens de guerre avoient menée dans Altkirch, d'une manière si vraye que je reconnoissois sans peine dans ses discours le génie de la jeunesse de notre nation. Il me disoit donc que malgré la rigueur de l'hiver, les François ne s'arrêtoient guères à la maison, ou que s'ils y demeuroient, ils ouvroient toutes les portes des poëles (1), ce qui désespéroit leurs frileux hôtes allemans ; que la plus grande partie de la journée, on les voïoit atroupés au milieu des rües à rire ensemble ou à conter des nouvelles. »

Il nous parle (p. 166) des lépreux qu'on trouvait encore à cette époque en Alsace « il y en avoit même une famille dans la ville d'Altkirch où j'ay demeuré. Elle étoit composée du père, de la mère et de trois enfans, logés dans une petite maison seule, hors du faux bourg, sur le chemin de St-Morand. C'est une léproserie, telle qu'on les voïoit autrefois en France, mais depuis que Dieu nous a délivré d'une si fâcheuse maladie, les fonds de terre et les autres biens qui apartenoient à ces maisons ont été donnés aux hôpitaux ou à des maisons religieuses. Pour revenir à nos pauvres ladres d'Allemagne, ce sont des gens d'un teint livide et plombé, qui ont les yeux rouges, toujours chassieux, la démarche lente. Leurs enfans étoient maigres et laids comme des rats écorchés. Il me semble qu'on ne devroit point permettre le mariage à de telles gens, non seulement inutiles, mais qui sont à charge au public, puisque loin d'en tirer du service, il leur est deffendu de hanter personne, et même d'entrer dans les églises. Ils sont obligés de s'arrêter hors de la grande porte qu'on laisse ouverte exprès, afin qu'ils puissent voir de loin le prêtre à l'autel et entendre la messe. Ils n'osent non plus parler pour demander l'aumône ; ils ont à la main un instrument composé de trois petits morceaux de planches, atachés ensemble à charnières et qui tiennent à un manche de bois ; ils remüent ces cliquetes au lieu de parler, parce qu'on craint jusqu'à leur haleine. »

---

(1) Chambre avec fourneau.

Plus loin (p. 169) il nous narre le récit du mariage du greffier d'Altkirch avec la fille du bailli de Landser, ainsi que du repas de noce « qui se servit sur plusieurs grandes tables. Je fus de celle du marié et des gens d'élite de la nosse, où l'on ne parloit guère que françois, mais on y but à l'allemande, » c'est tout dire. « Ce fut une chose extraordinaire qu'on ne servit point de *Surkraut* (1) parmi ces différents mets : ce sont des choux confits durant trois ou quatre mois dans le vinaigre et le sel et la graine de genèvre qu'on fait cuire ensuite avec quelque morceau de lard jaune. Les Allemans sont si friands de ce gargotage là qu'ils ne croyent pas avoir été régallés, si les *saurkroute* y manquent. Nous en avons une bonne preuve dans une ville de ce païs, où le duc Mazarin ayant un jour invité à sa table le bourguemestre et quelques conseillers du lieu ; ils en revinrent fort mal satisfaits, disant qu'ils mouroient de faim et de soif. En effet, ils ne burent point dans ce repas, parce qu'on ne leur porta aucune santé : ils n'avoient guère mangé non plus, à cause qu'on ne servit point de ces choux aigres qui font leurs délices. »

Notre narrateur nous explique (p. 176) ce qu'est la loi du Wilkom (2) et le Wilkombecher (la tasse de la bienvenue), ainsi que l'aventure arrivé au P. Recteur des Jésuites d'Ensisheim, un Français qui rendit visite, peu de temps après son arrivée en Alsace, à un prince de l'Empire qui l'invita à dîner et se fit apporter son Wilkom, un grand coq de vermeil, tenant environ trois chopines de Paris, le fit remplir de vin et le but, selon l'usage, à la santé de son nouvel hôte, puis le fit de nouveau remplir et le présenta au P. Recteur qui s'excusa de ne pouvoir absorber une pareille quantité de liquide ; mais le prince en parut choqué et bon gré mal gré, le pauvre jésuite fut obligé de vider le gobelet. Le repas dura quatre ou cinq heures et plusieurs fois encore, il dut vider le Wilkom à la suite des

---

(1) Sauerkraut, choucroûte.
(2) Aussi Widrecome.

santés qui lui furent portées. Finalement, il devint indisposé au point d'être obligé, devant l'assistance, de rejeter le liquide qu'il avait absorbé. Il en fut tellement confus qu'en rentrant chez lui, il se mit au lit et mourut de chagrin au bout de quelques jours.

En ce qui concerne Belfort, de l'Hermine nous fournit quelques documents précieux pour son histoire. Une vue, accompagnant son manuscrit, nous représente la ville et la forteresse telles qu'elles étaient en 1675. Il n'est pas flatteur à l'endroit de notre cité qui, pour lui, n'était qu'un trou, aux rues tortueuses, mal pavées et privées de soleil. Nous comprenons que ce Parisien ait trouvé la ville haute datant du moyen-âge fort laide et qu'elle ne lui laissa qu'un souvenir désagréable ; en outre, que ce lettré n'ait pas été charmé par l'idiome roman (et non le Romain comme il le dit) qui, naturellement, n'a aucune ressemblance avec le langage du peuple-roi.

..... Nous fûmes diner à Bessoncourt, village. Il étoit plus de trois heures après-midi, parce que le chagrinant passage de la rivière de Larg avec toutes ses circonstances, et la station que nous venions de faire chez la bonne femme pour réchaufer mon camarade, nous avoit employé bien du tems. Nous ne jugeâmes pas à propos d'aller à Belfort ce soir-là, à cause que nous aurions trouvé les portes fermées. Nous primes donc sur la gauche du château et nous arrivâmes à la nuit toute noire à Danjustin (1) vilage, où nous couchâmes chez un païsan, qui n'avait rien à nous donner à souper, ni à nos chevaux. Il fallut passer la soirée avec un peu de pain bien bis et du lait, et nous coucher sur le plancher de son poële, qui ressembloit assez bien à une étable à la réserve qu'il y avoit un fourneau, qui nous servit bien pour faire sécher toutes les pièces de notre paquet mouillé.

Le lendemain, qui étoit un dimanche, nous fûmes à Tretudan, vilage, pour savoir des nouvelles d'Onoxandre (2), receveur général de Belfort. Nous y apprimes du commis du péage de ce lieu qu'il étoit parti cinq jours auparavant avec toute sa famille pour

---

(1) Danjoutin.
(2) Onoxandre est un pseudonyme.

Paris. Cela me fit de la peine, car cet Onoxandre m'avoit écrit qu'il m'atendroit jusqu'au lundi, qui étoit le lendemain. Au lieu de m'en chagriner davantage, je pris mon parti d'aller à Belfort, pour voir s'il n'y auroit point laissé quelques instructions pour nos affaires ou pour mon voïage, et en même tems pour tâcher d'y changer une bonne somme d'argent d'Empire que j'avois dans ma valise.

Arrivant à Belfort, les bourgeois qui gardoient la porte (1) ne voulurent pas me laisser entrer dans la ville, à cause que la garnison en étoit dehors, qui faisoit l'exercice auprès des capucins (2). J'eus beau me renommer (3) des premiers officiers, apeller même des bourgeois que je connoissois et que je voyois sur le pont en dedans de la barrière ; ils firent tous la sourde oreille, sans faire semblant de m'entendre. Je savois bien qu'en pareil cas, on doit refuser la porte aux inconnus, mais je ne croyois pas qu'on dût me prendre pour tel dans une si petite ville, où j'avois demeuré près de trois mois. Cette cérémonie m'impatientant, je crus que pour abréger je n'avois qu'à aller prier M. le gouverneur, qui étoit au bataillon, de me permettre d'entrer dans la ville. Je fus donc dans la plaine des Capucins, je mis pied à terre par respect à trente pas de lui, et laissant mon cheval en garde à un païsan, j'allay lui demander la permission dont j'avais besoin ; mais quoique je fusse très bien connu de ce gouverneur, il me répondit d'un ton de mauvais plaisant, que j'eusse la bonté d'attendre que la garnison fût rentrée. Je n'insistay pas sur cette belle réponse, je le quittay tout indigné, je remontai à cheval pour aller atendre à la barrière du corps de garde. Peu de tems après, les troupes battirent la marche, et le gouverneur qui venoit à leur tête, fit signe de loin avec sa canne qu'on me laissât entrer dans la ville.

Je fus décendre chez le nouveau receveur, qui me fit assez bon accueil, nous dinâmes ensemble, mais il ne voulut point me donner d'argent de France, quoiqu'Onoxandre lui en eut laissé une partie pour changer contre ma monoye d'Empire : c'est ce que je connoissois par une lettre qu'il m'avoit écrite en partant

---

(1) Porte de l'Horloge placée entre les maisons Bardy et Charpiot.

(2) Le couvent des Capucins, érigé en 1619, se trouvait dans l'emplacement de l'hôpital militaire actuel.

(3) Me réclamer.

de Beffort, par laquelle aussi il prenoit la liberté de me quereller de mon retardement. Cette même lettre m'adressoit encore au prévôt de la ville pour me changer mes Reichsdalles (1). J'en essuyay un pareil refus, je n'en pus tirer que de mauvais complimens et des bons souhoits pour mon voïage, qui ne coûtent rien. Cela fait bien connoître qu'il n'est point d'amis si forts que l'intérest. Je fus donc obligé de porter mon argent d'Allemagne à Montbéliard. où Kœnig le banquier m'y fit perdre douze pour cent de change. Je suspendrai icy la suite de mon voïage de Paris, où j'arrivai avec Filandre sans aucune rencontre digne d'être remarquée. Je dois parler de la ville de *Beffort*, commençant par l'état auquel elle étoit, lorsque j'y vins demeurer en novembre 1674.

La figure que j'en ay dessinée nous montre que cette ville étoit très peu de chose en ce tems là ; en effet, ce n'étoit qu'un trou, des rües étroites, sales, mal pavées, des maisons mal bâties et obscures, en un mot, la plus triste et la plus désagréable demeure du monde. Le soleil, qui répand partout ailleurs sa lumière, n'y paroit (2) que l'après-midi parce que la hauteur de la côte où est situé le château, l'empêche de l'éclairer dès le matin. Beffort ne contenoit que la partie du plan qui est au-dessus de la rivière, avant que le roi l'eût fait fortiffier de la manière qu'elle paroit dans la figure. Le château que l'on voit dans la figure, n'étoit qu'un nid à rats ; mais présentement il a bien changé de face, c'est un bâtiment de briques qui paroit avoir 25 à 30 toises de longueur, percé de trois rangs de fenêtres en belle simétrie, dont les vues sont charmantes, situé comme il est sur le haut de ce rocher escarpé. Ce château est fortiffié, du côté de la plaine qui est vers le midi, de trois ou quatre bastions et d'un ouvrage à cornes bien revêtus, d'un fossé sec taillé dans le roc, d'un chemin couvert, d'une palissade et d'un glacis qui aboutit au niveau de la campagne. Il y a une vielle tour ronde dans la petite cour de ce château, qui est la première chose qu'on découvre de loin, et un puits qui a 83 toises de profondeur. La ville, qui est au bas, n'avoit de mon tems aucune fortification, elle n'étoit fermée que d'une simple muraille sans deffence, telle qu'elle est représentée dans la figure. On voit qu'il n'y a que deux portes, encore n'ouvroit-on

---

(1) Reichsthaler.
(2) Il faut entendre en hiver

que celle qui étoit sur le bord de la petite rivière nommée la Savoureuse. Cette porte (1) étoit double avec double pont-levis et
un corps de garde à l'ordinaire auprès de la barrière. La première
de ces deux portes cy étoit flanquée de deux tours rondes d'une
espèce de pierre rouge fort dure ; il y avoit au-dessus de l'entrée
cinq armoiries de seigneurs de l'Empire et celles de l'Empereur
se voyoient au plus haut de la seconde porte au-dessus d'une
montre d'horloge. L'autre porte de Beffort, qu'on n'ouvre point
pendant la guerre, est celle du marché (2). Il n'y a dans cette
ville qu'une seule église, c'est une collégiale servie par cinq
chanoines, dont le premier s'appelle le prévôt du chapitre. Ces
bénéfices là sont de peu de revenu. Ils ont de certaines fêtes en
l'année, où il y a fondation pour chanter trois fois de suite le
Magnificat à vêpres. Tout auprès est une chapelle dédiée à Sainte-
Barbe (3). L'église paroissiale, dédiée à St-Christophe, est située
à un bon quart de lieue de la ville, vers le nord, à un lieu nommé Brasse, de sorte que c'est une chose incommode de porter si
loin les enfans au batème et les morts à la sépulture. Près de
cette parroisse il y a une belle forge de fer, qui travaille par le
moyen de l'eau d'un grand étang. A deux ou trois cens pas de la
porte de Beffort, sur le bord d'une des branches de la Savoureuse,
il y a un couvent de capucins, où ils étoient bien douze ou quinze
religieux, entre lesquels il y en eût un assez fou, que je ne veux
pas nommer, pour servir d'espion au Roy d'Espagne, après qu'il
eut perdu le comté de Bourgogne. Bel emploi ! pour un homme
qui a renoncé au monde et même à sa propre volonté, que de
s'intriguer dans les intérêts d'un autre prince que celui que la
Providence lui a donné pour maître, et de se mettre au péril de
perdre la vie pour toute récompense. C'est aussi ce qui lui arriva
en 1676, car ses lettres ayant été interceptées, il fut convaincu de
trahison et condamné à être pendu entre la porte de la ville et son
couvent. Tout l'adoucissement que ses confrères purent obtenir,
fut que pour le respect de leur ordre, on le dépouil'a de l'habit
de St-François, on lui rasa la tonsure et la barbe de capucin,
avant de le conduire au gibet.

---

(1) La porte de l'Horloge.

(2) La porte du marché, ou mieux de l'Alle ou du Rosemont, était placée
un peu au-dessus de la porte de Brisach actuelle.

(3) Chapelle de l'hôpital civil.

Au pied de la hauteur sur laquelle est bâti le château, il y a plusieurs moulins pour batre et préparer la mine de fer, et des fourneaux où l'on la fond ensuite.

Ce plan de Beffort nous montre l'agrandissement et les nouveaux ouvrages que le Roy y a fait faire depuis la réduction de Strasbourg. Ces trois petits bastions embrassés par leurs contregardes, les quatre demi-lunes qui couvrent les courtines et cet ouvrage à cornes que l'on a construit sur le flanc d'une petite montagne à gauche, rendent cette ville assez régulièrement fortifiée. Cependant à moins que l'on n'ait applani le haut de cette même montagne, qui s'apelle la Miote, il sera difficile d'en faire une bonne place de guerre, parce qu'elle en sera toujours commandée. J'en parle comme oculaire témoin, j'ay monté dix fois au haut de cette éminence, d'où le château même de Beffort, qui est si élevé, me paroissoit comme dans une vallée ; aussi découvrois-je de là les montagnes de la Forêt Noire et de la Suisse jusqu'aux Alpes. Il y a sur le sommet de la Miote un pilier quarré de pierre d'environ 15 pieds de hauteur sur 4 de largeur, qui sert de borne à 3 diocèses, savoir : à l'archevéché de Besançon, d'où relève Beffort, à l'évéché de Strasbourg et à celui de Basle (1).

A l'égard des habitans de Beffort, ce n'est que de la petite bourgeoisie, mais le comte d'Aubigné (2). frère de Madame de Maintenon, gouverneur de la place, et les officiers de quatorze compagnies qui y étoient de mon tems, y mettoient du beau monde. La bourgeoisie suit les coutumes d'Allemagne, soit pour la cuisine, les poëles, la monoye ; mais pour le langage, c'est un patois, qui n'est ni allemand, ni françois, qui tient pourtant de tous les deux, et que tous deux n'entendent point. Ils appellent ce jargon là le Romain (3). Personne ne m'a jamais pu dire la raison pour laquelle on donnait un nom si illustre à cet étrange

---

(1) Servait de limite seulement aux deux diocèses de Besançon et de Bâle.

(2) Le comte d'Aubigné, d'abord gouverneur d'Amersfort en Hollande, puis de Belfort épousa, malgré sa sœur Mme de Maintenon, la fille d'un procureur fort laide et sans fortune. Mme de Maintenon, honteuse d'une pareille belle-sœur, envoya son frère à Cognac comme gouverneur et lui permit rarement de venir à la cour. C'était, dit St-Simon, un panier percé, fou à enfermer, mais plaisant avec de l'esprit et des saillies et des réparties auxquelles on ne se pouvait attendre. Il ne se contraignait pas de prendre un ton goguenard et de dire très ordinairement le *beau-frère*, lorsqu'il voulait parler du roi.

(3) Notre auteur a confondu romain et roman.

baragouinage. J'en raporterai ici pour échantillon la première frase que j'entendis à Beffort à mon arrivée. Ce fut d'une femme, voisine d'Onoxandre, qui se trouva chez lui. Après que j'eus salué toute sa famille, elle vint aussi me prendre la main, en me disant ces gracieuses paroles : « *Ben vegna si vos, men ben chire* » (1). Ce vilain patois là règne depuis les montagues de Lorraine, le long de la frontière des Suisses et de la Franche-Comté jusques dans Genève. Toute petite que soit cette place, elle est cependant fort importante, c'est une des clefs de l'Alsace, et la situation avantageuse de son château lui a fait donner le nom de Belfort, qu'on s'est accoutumé insensiblement de nommer et d'écrire Beffort.

Après avoir décrit cette ville telle qu'elle étoit avant ses augmentations, il faut dire un mot de l'état où étoient ses affaires, lorsque j'y arrivai en 1674.

J'ay dit cy devant que cette année là les Impériaux s'étant rendus maitres de tout le plat païs d'Alsace, il ne leur restoit plus à prendre que Brisac qu'ils tenoient bloqué, le château de Landscron qu'ils tachoient de surprendre et la ville de Beffort qu'ils prétendoient assiéger de jour en jour. En atendant cette entreprise, ils avoient établi des quartiers dans tous les châteaux circonvoisins, ils venoient tous les soirs en escadron jusqu'au bord du glacis du château et le long des murailles de la ville, pour la reconnoitre, de sorte qu'on s'atendoit fermement à être assiégés. Le comte d'Aubigné, que je fus saluer dès le lendemain de mon arrivée, ne nous entretint que de ce prétendu siège, et il faisoit fort l'empressé sur les précautions qu'il avait à prendre ; il demandoit à Onoxandre s'il avait bonne provision de sel dans le magazin du Roy, il trouvoit que la quantité qu'on lui marquoit n'étoit pas suffisante, et il le menaçoit de le rendre responsable du dommage, en cas que la garnison vint à manquer de sel durant le siège. Il paroissoit fort en colère contre lui ; après tout, ce n'étoient que fanfaronades, car tous les jours, après midi, ce gouverneur venoit chez le receveur tenir son brelan avec les officiers de la garnison.

Les fausses allarmes étoient cependant assez fréquentes dans la ville et aux environs. Nous en eûmes un jour une, étant en bonne compagnie à diner aux Capucins ; leur couvent est hors de la ville.

---

(1) Soyez le bienvenu, mon beau monsieur.

comme je l'ay remarqué cy-dessus. Un valet tout échaufé nous vint dire qu'il paroissoit un parti d'Impériaux dans la plaine marchant vers Beffort. Nous reçûmes diversement cette nouvelle, les uns en pâlirent, d'autres en plaisantèrent, et quelqu'un de notre bande demanda au Père gardien un habit et une barbe de capucin, pour n'être pas emmené par les Allemans.

Ce qui confirma de plus en plus la croyance où l'on étoit que la ville seroit assiégée, c'est que le 1er Décembre il y arriva 600 cavaliers de la brigade de Catteux, pour en fortifier la garnison, mais ils ne servirent qu'à désoler les habitans. Ils étoient au désespoir de voir jusques à vingt soldats dans chaque maison, leurs bestiaux étoient dans la rûe, tandis que les chevaux des cavaliers occupoient non seulement les écuries et les étables, mais encore les salles et les magazins d'embas. On n'entendoit de tous côtés que des plaintes de ces pauvres bourgeois, qui vouloient tout abandonner plutôt que d'être tourmentés, mangés et ruinés par ces impitoyables gens de guerre. A cela près, tous les soirs, on étoit régallé des fanfares de leurs trompetes, qui se répondoient d'un quartier à l'autre. On ne doutoit plus que la ville ne dût bientôt être assiégée. Le gouverneur qui faisoit l'homme entendu dans le métier de la guerre, disoit tout haut qu'il alloit faire bruler la ville et les vilages à deux lieues à la ronde et qu'il ne recevroit dans son château que la seule garnison. Toutes ces menaces là, feintes ou véritables, firent qu'Onoxandre, le receveur général, résolut de se réfugier dans quelque ville de Franche-Comté ou de Champagne. Le secrétaire du duc Mazarin et son maitre d'hôtel, qui étoient à Beffort, avec une partie de sa maison, furent aussi de cet avis, de sorte qu'ils prirent leurs mesures ensemble pour en sortir au plutôt.

Pour nous rassurer contre la peur du siège, le 7 Décembre, à une heure du matin, nous fûmes réveillés en sursaut par le bruit des tambours, des trompetes et le tintamare que faisoient des hommes et des chevaux courans par les rûes. Nous nous levâmes au plus vite, pour savoir la cause de ce vacarme. Des gens épouvantés nous dirent d'abord que toute la garnison se retiroit de la ville, à cause de l'aproche des ennemis ; mais un moment après on sceut que c'étoit un détachement de cavalerie et d'infanterie qui alloit partir, pour tâcher de surprendre un quartier d'Impériaux à deux lieues de là. Cette réponce mit le calme dans nos esprits et renvoya chacun se réchauffer dans son lit.

Sur les dix heures du matin, on nous vint dire qu'il y avoit déjà quelques cavaliers revenus de l'expédition. La curiosité d'en savoir des nouvelles nous engagea d'aller promener hors de la ville au devant de ces aventuriers. Nous trouvâmes à la porte un officier impérialiste avec quelques cavaliers prisonniers qu'on faisoit atendre à la barrière, où ils mouroient de froid, car il geloit à pierre fendre, et ils n'avoient point de manteau.

Nous vimes ensuite revenir nos gens, qui alloient au petit pas par pelotons, ayant tous du papier blanc au cordon de leur chapeau, ou à sa place le mouchoir tourné autour de la forme. Nous interrogeâmes un officier et quelques cavaliers, qui nous dirent qu'ils venoient de Montreux (1), qu'ils avoient manqué leur coup pour être arrivés trop tard, et que l'infanterie ne les avoit pas soutenus, qu'elle devoit se jetter dans les maisons du vilage et faire un feu continuel, tandis qu'ils auroient ataché le pétard à la porte du château. Tout ce qu'ils avoient pu faire, étoit d'enlever quelques cavaliers avec leurs chevaux, de ceux qui étoient logés dans le vilage. Nous gens vouloient qu'il y eût plus de 600 hommes dans le château, mais les prisonniers assuroient qu'il n'y avoit que trois compagnies de dragons en tout. Quoiqu'il en soit on amena à Belfort, 27 prisonniers et 60 petits chevaux maigres, et nous perdimes à cette belle expédition le lieutenant-colonel de Catteux, jeune homme fort brave qui fut tué et laissé sur le pont-levis du château avec cent louis qu'il avoit dans sa bourse, à ce qu'on disoit. Il y eut de plus trois de nos cavaliers blessés, deux desquels vinrent mourir à Belfort.

Après midi, Onoxandre et le maitre d'hôtel du duc Mazarin prirent leur résolution de partir dès le lendemain et de se réfugier à Langres, et à l'heure même, ils se donnèrent tous les mouvements nécessaires pour ce voïage. On fut demander un passeport de M. le gouverneur et une escorte de cavalerie pour une journée seulement. On chercha un chariot pour mettre toutes les hardes et les balots, et celui de l'équipage du duc, qui étoit couvert, servit pour porter sa vaisselle d'argent et la finance du bureau du Roi, ce qui montoit bien ensemble à la valeur de cinquante mil livres. On y trouva encore place pour la femme du receveur et sa mère, ses deux petites filles, dont la plus âgée n'avoit pas neuf

---

(1) Montreux-Château.

ans, et une servante. On laissa le soin du magazin à sel du Roi au commis de Tanne (1), qui n'avoit point d'emploi, depuis que les soldats impériaux l'avoient contraint d'en déloger.

On m'accusera de faire le gascon, si je dis icy que je sentois du chagrin de voir qu'il falloit partir de Beffort. C'est cependant la vérité que les premiers bouillons de la première jeunesse où j'étois, m'inspiroient la dangereuse curiosité de me trouver dans une ville assiégée.

Avant de nous mettre en chemin, je dirai que ce voïage de refuge que nous fûmes à Langres dura deux mois tout juste, car nous revîmes à Beffort le 8 Février suivant. A notre retour, la crainte des Impériaux étoit entièrement dissipée, M. de Turenne qui parut tout à coup sur la fin de Décembre à Beffort (2), les empêcha bien d'en former le siège ; il se mit à leurs trousses, les battit à Milhouse, à Turkeim et auprès de Strasbourg, et les obligea de repasser le Rhin sur le pont de cette ville là. Mais les ennemis qui ne purent garder l'Alsace par leur valeur, en firent périr une partie des habitans par les maladies qu'ils y aportèrent et qui sont ordinaires dans les armées nécessiteuses , la dissenterie, le scorbut, le pourpre, les fièvres malignes régnoient partout; c'était une désolation entière.

Tout ce que je trouvai de plaisant après notre retour, ce fut qu'étant allés, Onoxandre et moi, saluer le gouverneur de Beffort, il se mit à nous faire valoir la conduite qu'il avoit tenue dans ces dangereux tems, nous voulant persuader, comme à des gens venant de l'autre monde, que sans lui c'étoit une ville perdue pour la France. Nous n'eûmes garde de faire paroitre que nous ne le croyions pas, quoique nous eussions déjà appris par des officiers de la garnison que l'aproche des ennemis lui avoit presque troublé l'esprit, qu'il n'avoit pas osé faire tirer le canon sur eux, crainte de les irriter, lors même qu'ils l'insultoient jusqu'à s'aprocher en escadron sur le glacis du château, et que le chevalier de la Poterie, lieutenant du Roi de la place vouloit à toute force qu'on les escarmouchât. Ce gouverneur ne croyoit pas que nous savions que le Roi lui avoit envoyé un commandant avec

---

(1) Thann.

(2) On sait que Turenne traversa les Vosges par Rupt, Faucogney, Mélisey ou il resta deux jours et le 27 Décembre, arriva au Valdole où il coucha. Il fit tirer le canon pour annoncer son arrivée aux ennemis.

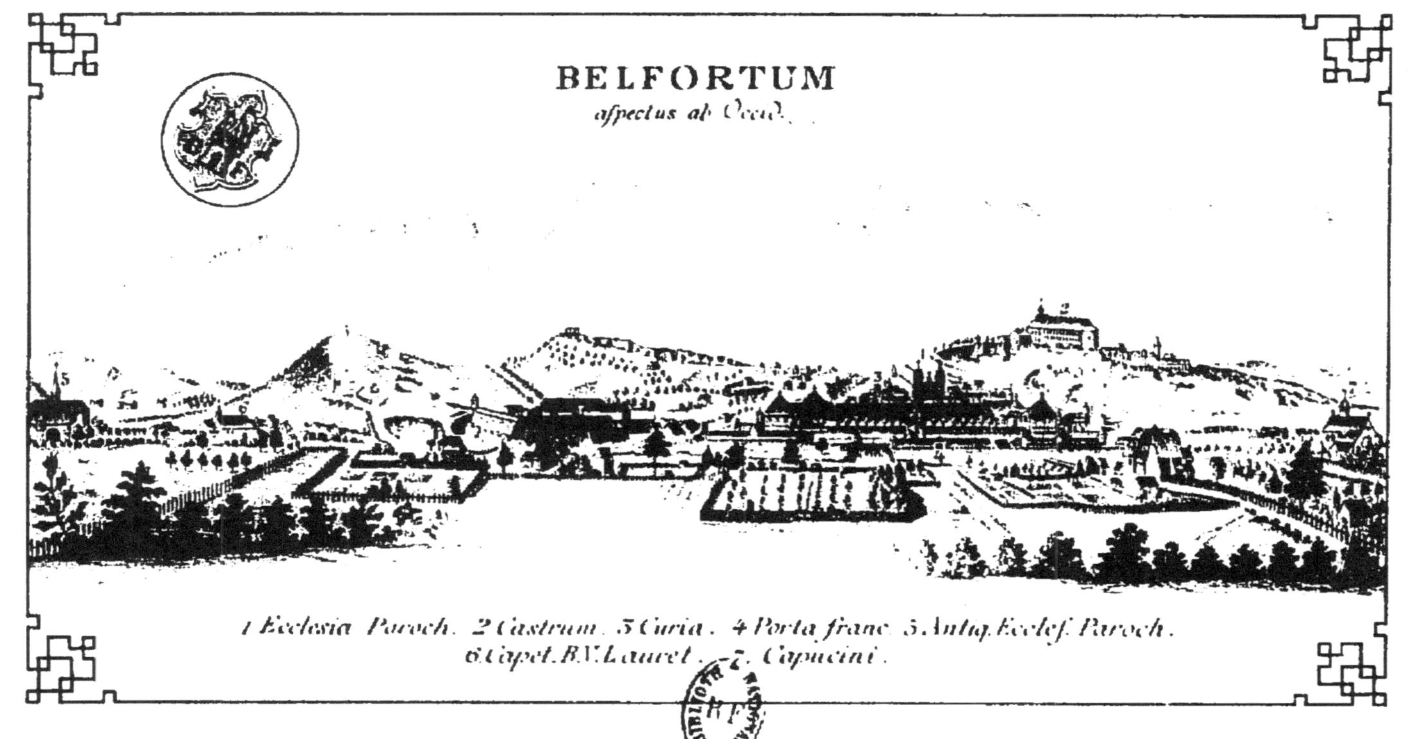

VUE DE BELFORT EN 1752

d'après l'Alsatia Illustrata

pleine autorité en cas de siège. Il tâchoit en se donnant de l'encens à lui-même, d'oublier les incartades que les moindres officiers de l'armée de M. de Turenne lui avoit faites en passant, et de se dissimuler le mépris que ce grand général marqua pour sa personne, en refusant de loger au château, et préférant la simple maison du lieutenant du Roi, fort sage et fort expérimenté dans le fait de la guerre.

La plupart des prisonniers impériaux qu'on avoit faits dans les dernières batailles avoient été transférés en France et en Catalogne. Nous ne trouvâmes plus à Beffort que trois officiers colonels des ennemis. L'un se nommoit le comte Alieti, Florentin, les deux autres étoient allemans. Ils avoient la liberté d'aller et de venir seuls par la ville, on leur permettoit même quelquefois d'en sortir ; mais pour lors ils étoient accompagnés d'un officier et de deux soldats armés de leurs mousquets, la mèche allumée ; ils ne portoient jamais d'épée, ni dedans, ni dehors. Voilà tout ce que je puis dire de la ville de Beffort et de ce que j'ay vu de remarquable. Vers la my-mars 1675, je fus prendre possession de la recepte générale d'Altkirch, comme je l'ay conté ci-devant.

Il faut présentement reprendre le fil de notre voïage et de parler tout de bon de mon retour en France. Quelque diligence que nous fissions pour sortir de Beffort, nous n'en pûmes jamais partir avant onze heures du matin, quoique nos chariots fussent chargés dès le soir de la veille. Pour premier obstacle les soldats de la garde les arrêtèrent à la porte, et quoique nous eussions un passeport du gouverneur, il nous fallut encore avoir une permission particulière pour nos voitures. Cela fini, le maître d'hôtel nous pensa désespérer par ses allées et venues, ensuite l'escorte de cavalerie se fit atendre une bonne heure. Cependant nous étions à cheval dès huit heures du matin hors de la barrière, exposés sans aucun abry à la bise cruelle qui nous transissoit. Enfin nous nous mimes en chemin au nombre de 22 cavaliers, 5 fusiliers à pied qui étoient de la maison du duc Mazarin, cinq femmes ou filles dans un chariot, un second chariot et trois ou quatre chartiers. Cela ne ressembloit pas mal à un équipage de Bohémiens. Nous passâmes devant la porte des Capucins, où le Père gardien se trouva pour nous souhaiter un heureux voïage.

Ceux qui commandoient notre troupe ne trouvèrent pas à propos de passer par Montbéliard, croyant qu'il seroit plus seur de cacher notre marche et d'éviter cette ville étrangère. On prit donc

par Baviliers, et après avoir passé des bois, où les chemins sont
étroits et dangereux en tems de guerre, nous arrivâmes à Héricourt (1), foible petite ville de la principauté de Montbéliard, où
l'on prit l'allarme en nous voïant. On ferma les portes au plus
vite, on sonna le toquesin et en moins de rien toute la muraille
fut bordée de mousqueterie. Comme nous ne voulions point de
mal à personne, nous ne crûmes pas qu'on nous en voulût faire,
nous continuâmes tranquilement notre chemin le long du fossé,
sans nous épouvanter de ces mousquets et nous arrivâmes devant
la porte de cette bicoque, où le maitre d'hôtel et Onoxandre
aperçurent un des principaux du pais qu'ils connoissoient. Ils
s'aprochèrent de la barrière et lui parlèrent un moment, ce qui
rassura cette tremblante bourgeoisie. Nos six cavaliers d'escorte
nous quittèrent là, et ils entrèrent dans la ville pour repaitre, et
nous y primes un guide qui nous conduisit jusques à la couchée.

Nous citerons encore deux auteurs qui ont écrit sur Belfort au 17ᵉ siècle, quoique leurs articles n'aient pas trait à
des voyages.

Le premier est Balthazar Han, dans son ouvrage : Das
Seelzagende Elsass, Nürnberg, 1676 ; Die Stadt Belfort im
17. Jahrhundert, donne une description de notre ville qui
n'est que la reproduction de celle de Zeiller, complétée par
le récit du siège de 1654 que soutint le comte de la Suze
contre le duc de la Ferté.

Le second est Vauban qui habita Belfort en 1688 pour
étudier le terrain en vue des nouvelles fortifications. Il
consacre dans ses Manuscrits les lignes suivantes à notre
ville :

Les hauteurs dont cette ville est commandée et que je n'ai pu
occuper faute de moyens, m'ont obligé d'employer un nouveau
système de fortifications, qui consistent dans des tours que
j'appelle bastionnées. Elles n'ont guère que la capacité d'une
bonne tour, mais elles sont construites en forme de bastion, couvert d'un autre bastion ou contre-garde. Celles-ci sont coupées
de plusieurs grandes traverses pour éviter l'enfilade. L'escarpe-

____

(1) Notre récit aurait dû s'arrêter ici, mais il nous a semblé que le passage
relatif à Héricourt présentait aussi quelque intérêt.

ment du château du côté de la ville est censé une courtine. Les
quatres autres sont couvertes par autant de demi-lunes dont
deux couvrent les portes. La grande enceinte qui enveloppe presque toute la ville depuis les hauteurs est entourée d'un fossé qui
pourroit être plein d'eau dans la partie N. avec son chemin couvert et son glacis. Dans la nouvelle enceinte, les rues sont tirées
au cordeau et les maisons d'une égale symétrie ; la vieille ville
est au-dessus, au pied de la hauteur. De l'ancien bâtiment du
château, il reste encore la tour du donjon et quelques vieux murs ;
il y a une ligne de communication pour la ville, tirée de la pointe
du bastion, qui est sur la hauteur, à une des ailes de l'ouvrage à
couronne qui enferme le château. Le château et le bastion sont
entourés d'un fossé et d'un chemin couvert et la porte du secours
ou de la campagne est couverte d'une demi-lune à flancs. Au delà
du chemin couvert, on a avancé un grand ouvrage à corne, selon
ma méthode particulière, entouré d'un fossé sec et d'un chemin
couvert. Sur la hauteur opposée au château vers le N., on a élevé
un ouvrage à corne, irrégulier, construit par ressauts, à cause du
commandement sur lequel il est assis. Son front est couvert d'une
demi-lune et le tout enveloppé d'un fossé, chemin couvert et
glacis, excepté dans les endroits où l'escarpement ne le permet pas.

*
* *

A notre connaissance, le plus ancien récit de voyage
dans l'Alsace romane au XVIIIe siècle est dû à Alexandre-
Frédéric-Jacques Masson, marquis de Pezay, né à Versailles en 1741. Devenu capitaine de dragons, il fut choisi
pour donner des leçons de tactique au dauphin, plus tard
Louis XVI. En 1773, Masson reçut le brevet de colonel.
Sa sœur, Mme de Cassini l'introduisit à la cour et Louis
XVI le nomma inspecteur général des côtes du royaume.
C'est lui qui amena la chute de l'abbé Terray, ministre des
finances et indiqua Necker pour le remplacer. Plus tard,
tombé en disgrâce, il fut exilé dans sa terre, près de Blois,
où il mourut en 1777.

Il est l'auteur des *Soirées helvétiennes, alsaciennes et
franc-comtoises*, ouvrage qui eut plusieurs éditions (c'est
celle de 1771 qui nous a servi) et dans lequel il nous con-

duit dans les mines de Giromagny et au Ballon d'Alsace,
nous fait suivre la magnifique route qui y accède de Giromagny, et enfin termine sa promenade à la fontaine de la
Suze. La description qu'il donne du Ballon est fort ampou-
lée, mais elle reflète le style employé à cette époque pour
dépeindre les beautés de la nature. En outre, elle a le mérite, si nous ne nous trompons, d'être la première en date ;
aucun auteur ne nous ayant décrit, avant 1771, les sommets de nos montagnes et les jouissances qu'on éprouve à
les escalader. Cet auteur nous montre les beautés et la
hardiesse de construction de la route de Giromagny à
St-Maurice, construite sous Louis XV par l'habile ingénieur de Clinchamp. Cette route qui compte, en montagne,
21 kilomètres, de l'auberge Kolb à St-Maurice, a une pente
moyenne de 52 mètres par kilomètre dans le versant sud et
de 70 mètres sur le côté nord.

Le balon de Géromani (1) est la plus haute, la plus riche et la
plus curieuse des montagnes des Vosges ; tant par ce que la nature y a fait, que par ce que les hommes y ont ajouté. Cette
partie de la longue chaine, qui sépare l'Alsace de la Lorraine,
recèle les mines du royaume les plus abondantes en cuivre, en
plomb et en argent. J'ai descendu trois cents pieds sous terre
pour admirer ce qu'il eût peut-être été à souhaiter que l'avarice
n'eût pas fait inventer aux hommes ; mais ce qu'il seroit à dési-
rer qu'ils perfectionnassent, puisque les institutions sociales ont
rendu l'or nécessaire.

Du fond de ces dédales ténébreux, où tant d'hommes ont péri
pour orner de quelques paillettes de plus les habits de quelques-
uns de leurs semblables, j'ai remonté quatre mille pieds au-dessus
de la surface. L'obscurité profonde d'où je sortois, ajoutoit à
l'éclat du ciel pur que je voyois au-dessus de ma tête. Mon admiration étoit partagée entre les spectacles sublimes que variait
sans cesse, dans ma marche, un horizon plus étendu à chaque
pas, et la surprise que me causoit la pente insensible par laquelle
je m'élevois sans fatigue à travers des précipices destinés à être
inaccessibles.

---

(1) Ballon de Giromagny ou d'Alsace.

Si quelque chose rappelle en France les ouvrages des anciens Romains, portant partout le sceau d'une nation maitresse du monde, c'est le chemin pratiqué dans cette partie de montagne. Le sommet du balon de Géromani peut avoir, comme je le disois tout à l'heure, à peu près quatre mille pieds d'élévation (1). Le chemin qui le traverse est tellement ménagé, la coupe est si savante, et les spirales qu'il forme dessinées si adroitement, que partout un cheval peut y galoper constamment, tant à la montée, qu'à la descente : c'est ce que je n'ai vu nulle part.

La Nature toujours plus riche à mesure qu'elle semble plus prodigue, après avoir enfoui des filons précieux dans les flancs de cette montagne, offre partout, à sa surface, des blocs de granite et de porphyre qui n'attendent que le ciseau pour immortaliser de grands hommes. On y trouve aussi de l'albâtre, moins parfait à la vérité. Pour les porphyres et les granites, je crois que mis en œuvre, leur dureté et leurs couleurs ne leur feroient rien céder à ceux que nous allons chercher si loin et que nous payons si cher.

Ces carrières précieuses et ignorées, placées naturellement près des travaux, n'ont jamais été employées que dans la construction de ce beau chemin, et joignent encore à l'ouvrage un nouvel air de grandeur et de magnificence. Il a fallu construire de fréquentes arcades pour donner passage aux torrens ; les blocs voisins ont servi ; et le voyageur admire d'autant plus, qu'il s'attendoit moins à trouver dans un désert, des ponts dont les matériaux feroient ornement dans les galleries de nos Rois, et dans les sanctuaires de nos temples.

Ces vastes souterrains où l'industrie va arracher les métaux, ces marbres assujettis en route, et donnant un chemin sûr et commode au-dessus des abimes ; tous ces monumens des hommes cèdent et s'effacent au premier aspect d'un grand paysage. Ils sont bientôt oubliés par le voyageur qui parvient au sommet de la montagne de Géromani. Il regarde, et pour lui les Royaumes sont des champs, les Provinces des points, les Villes des atômes. Il met un pied sur l'Alsace, l'autre sur la Lorraine, et étend un bras sur la Franche-Comté. Son œil se perd avant que l'horizon se termine. Le Rhin coule à dix lieues, il le croit à ses pieds. Il abbaisse ses yeux dans une vallée sans fonds ; il y voit jaillir une

---

(1) 1256 m. d'altitude.

fontaine imperceptible ; le reflet des eaux lui en fait seul distinguer l'étroit bassin dans l'ombre, et cette fontaine est la source d'une rivière (1), qui bientôt va porter de larges bateaux vers l'océan, et y roula souvent des ondes teintes du sang de plusieurs milliers d'hommes.

A mesure que le soleil tourne vers l'occident, le spectacle change. Il se varie, mais toujours pour être plus beau et plus grand. Le rideau sombre des montagnes noires (2) rembrunit les lointains. Une vallée de trente lieues en sépare, on croit les toucher, et au-dessus d'elles, les glaces des Alpes s'argentent et s'élèvent en amphithéâtre. Les flots de pourpre, de sinople et d'azur s'y succèdent, et les teintes brillantes, dont un seul regard du soleil les empreint, les rapprochent aux yeux du spectateur. Alors, méditant, en extase, ravi à ce tableau, et nécessairement exalté, celui qui, pour la première fois, l'admire, s'enivrant du plaisir de la vue, ne craint que la nuit, dont il sent que l'heure approche.

Il craint l'obscurité, avant même que ses yeux aient pû reconnoitre le déclin du jour. Mais la nuit n'est point connue sur cette cime aérienne. Dans tous les mois d'été, on peut y jouir, à la fois, du spectacle du coucher du soleil et de celui du jour naissant.

Les nuages, qui se colorent plus fortement à l'ouest, au moment où le soleil disparoît, conservent encore leurs brillants émaux, que déjà les rives orientales revêtissent ces douces nuances qui y précèdent et annoncent les belles journées. On voit les deux crépuscules se disputer l'atmosphère. Tant qu'on regarde, il y a à voir et longtems après qu'on a vu et qu'on a quitté ces sommets, il reste à admirer, à s'attendrir et à rendre grâces.

. . . .

Dans les souterrains du Balon de Géromani, j'ai vu et admiré, sans doute, les travaux des mines : mais combien d'idées tristes comprimoient mes applaudissemens, et mêloient l'amertume à ma curiosité satisfaite ! J'ai suivi longtems le chemin (peut-être plus étonnant) qui traverse cette montagne, et le plus admirable, dont j'eusse connoissance ; mais la comparaison de ses frais avec son peu d'utilité, m'a fait regretter jusqu'au suffrage qu'il m'ar-

---

(1) La Moselle.
(2) Forêt Noire.

rachoit. Du haut de la montagne, j'ai vu le ciel et la nature ; ma joie a été sans mélange, et son souvenir seul me vaudra encore de beaux momens, de beaux rêves, et de vrais plaisirs.

Dans les profondeurs des mines, j'ai vu comment l'homme a trouvé l'art de pratiquer ces longues galeries et ces percemens sinueux, dirigés en sens contraires à la rencontre des filons égarés. J'ai trouvé belle l'invention de ces puits profonds, qui transmettent l'air, indispensable à des êtres qui s'en privent pour six sols par jour. J'ai vu et admiré comment ces mêmes ouvertures permettent de faire mouvoir des pompes et des roues ingénieuses qui portent à la surface l'eau gagnant sans relâche au fond de ces riches abimes, où, par un danger toujours présent, elle rend la force et l'activité à tant de malheureux, bravant mille morts pour gagner leur vie.

. . . .

Les mines d'Alsace, concédées par le feu Roi au cardinal Mazarin étoient, avant la cession de cette province à la France, regardées comme une portion considérable de l'héritage des Archiducs (1). La Nature a tout fait pour les rendre un objet de la première importance. Après avoir enrichi ces mines des plus riches filons, elle a disposé à l'entour des bois immenses, en grande partie affectés aux fonderies. Des étangs et des courans d'eau fournissant sans relâche, un moteur aux machines et toutes les facilités désirables pour les lessives du minerai.

Ajoutez à cela le prix modique des ouvriers et la facilité d'en trouver un grand nombre dans la province ; des arsénaux voisins pour les approvisionnemens nécessaires à faire en poudre ; des débouchés sûrs et faciles vers l'Allemagne pour le cuivre, la litharge et le plomb, et vers Strasbourg, Besançon et Paris pour l'argent.

Qui croiroit qu'avec tous ces avantages, les mines de Géromani sont aujourd'hui, en quelque façon, plus à charge qu'à profit à leur propriétaire ? Cela seroit cependant facile à démontrer. Leur produit actuel n'évalue pas les mille arpens de futaie qui sont affectés à leur exploitation. Comment ? Pourquoi ? C'est qu'en effet les mines ne sont point exploitées. Elles ne l'ont point été, et n'ont pas pû l'être en grand depuis les Archiducs. Le cardinal de Mazarin étoit bien assez puissant pour mettre à cette entre-

---

(1) D'Autriche.

prise les grands moyens qu'elle exige pour être florissante ; mais des intérêts encore plus grands venoient nécessairement l'en distraire. Depuis lui, la possibilité même ne se trouve plus, et l'attention suivie et nécessaire se trouve encore moins.

Le succès véritable d'une telle exploitation, demande non seulement une connoissance profonde de l'art, et la pratique la plus expérimentée ; il exige encore des fonds énormes. Celui, à qui manque un seul de ces avantages, n'en a aucun. Quel particulier peut les réunir ? Il n'y en a point. Mme la duchesse de Mazarin ne peut pas destiner la plus grande partie de ses fonds à ces travaux, et il le faudroit, pour qu'ils lui rapportassent, et à l'Etat, tout ce qu'ils seroient capables de produire, une fois bien administrés. Il faut, de ce moment, avoir recours à des entrepreneurs, et de ce moment tout est perdu pour le propriétaire, pour l'Etat, et pour l'entrepreneur lui-même.

J'ai dit plus haut qu'il falloit probité, capacité, et fonds considérables : que l'un sans l'autre n'étoit rien. Ce problème et sa solution ne font qu'un pour tout lecteur instruit, la suite entrainera la preuve pour tout le monde. Supposons ce principe démontré, on conviendra que peu d'entrepreneurs réunissent ces avantages. Qu'arrive-t-il ? C'est qu'ils s'en présentent qui ne les réunissent point, et que le propriétaire aussi dupe que pardonnable, les accepte, faute de mieux. Supposons l'entrepreneur instruit, et même honnête homme : cette seconde supposition annoncera encore mieux qu'il n'est pas riche. Les fonds lui manquent ; il lui faut une compagnie pour y suppléer. Cette compagnie morcelant à l'infini les intérêts, multiplie à proportion les voix dans ses assemblées. Les plus ignorans étant souvent les plus riches actionnaires (comme de raison) acquièrent le droit de dire plus haut leurs sottises, et qui pis est de les faire prévaloir. L'entrepreneur reste avec ses lumières, sa probité, et ses petits fonds mal prospérans ; le propriétaire est lésé, et ne s'en doute pas ; l'intérêt général souffre : conclusion trop commune à tous les raisonnemens économiques.

Tirer, fondre, et débiter la plus grande quantité des métaux que les mines peuvent donner, et cela dans le moins de tems possible, voilà, ce me semble, le but politique invariable de toute exploitation de mines.

Quand l'entrepreneur à fonds médiocres, pourroit donc, par la suite de son application, par ses lumières acquises, et par ses

talens naturels, parvenir a faire quelques bénéfices ; quand à force
de joindre ses nouveaux produits aux premières mises, il pourroit successivement étendre ses tentatives, et parvenir enfin,
après longues années, à une exploitation convenable, le tems
perdu seroit toujours un tort énorme, qu'il ne dépendroit pas de
lui de réparer.

Je crois l'entrepreneur actuel des mines, dont il est ici particu-
lièrement question, plus susceptible qu'aucun autre de réaliser
les suppositions les plus avantageuses que je viens de faire, mais
pour ramener la chose à un principe général, combien d'autres
échouent, doivent échouer, et entrainent trop souvent la perte de
l'établissement avec la leur. Combien de gens croient, au seul
nom de mines, voir charoyer l'or en masse vers des fourneaux,
établissant sans bois ni charbon une fusion perpétuelle, d'où dé-
coulent des lingots sans nombre ? Combien de gens, d'après ces
belles et conséquentes idées jointes à quelques milliers d'écus, se
font directeurs de mines, avant d'avoir vu un filon ; bien con-
vaincus, que, dès qu'on en tient un, il est imperdable et inépui-
sable ? Le bail se signe dans cette confiance ; l'eau gagne, le filon
s'égare, l'entrepreneur est ruiné, ce n'est rien ; le propriétaire est
frustré, ce n'est rien encore ; mais la mine est décréditée, abandonnée, l'Etat souffre, et c'est beaucoup.

M. Orry, ancien contrôleur général, avoit probablement dessein
de parer à ces inconvénients dans la visite qu'il fit faire, aux
frais du Roi, en 1741, des mines de Géromani. Un homme de
l'art, avec des talens reconnus, se transporta sur les lieux par les
ordres du ministre. Le métallurgiste rendit le compte le plus
avantageux ; le ministre quitta sa place, et le projet fut oublié.
Depuis, M. de Lucé, intendant de Strasbourg, proposa, et probablement dans les mêmes principes, de faire exploiter lesdites
mines, au compte de la Province ; la cession faite à la maison de
Mazarin, en empêcha.

. . . . , ...

Notre auteur, le marquis de Pezay, après avoir décrit le
Ballon et les mines de Giromagny, nous conduit, sans
s'arrêter à Belfort, à la Fontaine de la Suze (1).

---

(1) La Fontaine de la Suze, située au-dessous du village de Bermont,
doit son existence, non à la Savoureuse, comme l'écrit par erreur le
marquis de Pezay, mais à la Douce, dont les eaux se perdent en amont

En rêvant, je suivois les bords de la Savoureuse, quant tout à coup, je me trouvai distrait de mes grandes spéculations, par le souvenir d'une jolie femme. La fameuse comtesse de la Suze (1), ornement de la cour, honneur des arts, femme belle et sensible, à qui son mari n'a pas rougi de renoncer pour vingt mille écus proposés par elle, a longtemps habité Belfort, où commandoit son lésineux époux. C'est à l'abri d'un rocher solitaire, et voisin de cette ville, que la comtesse venoit soupirer ses élégies, respirant toute la tendresse de l'amour, et toute la mélancolie de l'amour malheureux. J'étois près de cet ermitage, consacré aux muses, et à la tendresse. Le sort de la beauté, est d'immortaliser tout ce qui peut avoir eu des relations avec elle : aussi la solitude où venoit rêver la fille illustre et infortunée du maréchal de Châtillon, porte-t-elle encore le nom de *Fontaine de la Suze?* Cette retraite réunit en effet tous les droits au choix d'une âme amoureuse et blessée. Je dois sa description aux poètes et aux amans.

La Savoureuse, petite rivière qui passe à Belfort, disparoit sous terre à peu près à une lieue de la ville : elle serpente longtems dans des détours souterrains et inconnus. On en ignore la profondeur et les sinuosités ; mais ce dont les épreuves les plus multipliées rendent certain, c'est que c'est elle que l'on retrouve à deux petites lieues environ de l'endroit où elle a disparu. Sa nappe,

---

pour réapparaître à cet endroit. Une longue paroi de roc vif coupée à pic laisse sous ses pierres un passage souterrain à ces eaux qui s'écoulent ensuite dans la campagne. La construction du moulin de Bermont a complètement modifié l'aspect primitif de cette curieuse fontaine.

(1) Henriette de Coligny, fille de Gaspard de Coligny, maréchal de Châtillon, née en 1618, se maria en 1643 à l'Ecossais Thomas Hamilton, puis devenue veuve, en 1645 à Gaspard de Champagne, comte de la Suze. Elle était une des plus spirituelles précieuses de la cour. Elle ne fit qu'un court séjour à Belfort, auprès de son mari, gouverneur de cette ville (1635-1654). Elle le quitta pour retourner à Paris. En 1653. elle abjura la religion protestante, ce qu'elle fit, dit la reine Christine de Suède, afin de ne se trouver avec son mari ni dans ce monde, ni dans l'autre. Elle conçut ensuite le dessein de rompre son mariage et pour avoir le consentement de son mari, elle lui fit offrir 25.000 écus. La somme fut acceptée et le mariage cassé par ordre du Parlement. La comtesse de la Suze mourut en 1673. Elle est l'auteur de poésies d'un style touchant et plein de grâces, mais fort passionnées. Ses œuvres ont eu plusieurs éditions, la première date de 1666, sous le titre de : Poésies de Madame la comtesse de la Suze, 1 vol. in-32.

large de plusieurs toises au moment où elle reparoit, sort du pied d'un rocher, d'une très grande élévation, et taillé en voûte naturelle. En s'échappant de ce rocher, ses eaux s'épanchent à droite et à gauche, au devant de la grotte, dans un bassin, aussi agréable aux yeux, que sa fraicheur l'est aux sens dans les jours d'été. Au milieu de ce bassin s'élèvent des peupliers qui rendent encore la grotte plus mystérieuse, et l'ombre plus durable. Ces arbres laissent appercevoir d'immenses prairies à travers leurs rameaux, et ce petit obstacle ajoute encore aux charmes du paysage : il faut toujours avoir quelque chose à deviner.

Sous la voute, on trouve encore des restes d'un siège commodo que la comtesse avoit fait tailler dans le roc même, mais un peu mutilé par le tems et les polissons. C'est là, que seule et plaintive, Mme de la Suze songeoit au comte de Flamarin (1), détestoit son mari, et soulageoit son cœur par ses vers et ses larmes.

S'il nous reste, après la vie, quelque secrette intelligence avec notre ancienne demeure, si notre ombre peut venir errer aux lieux que nous chérissions, notre moderne Sapho doit jouir d'un hommage que les siècles prolongeront, et que la nature aura soin d'entretenir. Sa grotte est devenue le refuge des amans du canton. Le rocher est partout couvert de devises, non moins tendres, pour être un peu rustiques. La mémoire d'une femme illustre qui aima, y désarme les cruelles, porte à l'amour, et fait faire des enfans. C'est ainsi que les personnages illustres servent encore la patrie, même après leur mort.

* *
*

M. de Sivry, avocat au Parlement de Lorraine et secrétaire perpétuel de la Société des sciences et belles-lettres de Nancy, plus célèbre sous le nom d'Académie de Stanislas, avait entrepris un voyage dans les Vosges dans le but d'étudier ces montagnes au point de vue minéralogique. Il publia le résultat de ses recherches dans un livre, très-rare aujourd'hui, dont voici le titre : *Journal des observations minéralogiques faites dans une partie des Vosges et de l'Alsace,* ouvrage qui a remporté le prix au jugement de MM. de la Société royale des sciences, belles-lettres et arts de Nancy, en 1782, par M. de Sivry. A Nancy, chez H. Hæner, imprimeur du roi.

---

(1) Voyez les *Mémoires* du chevalier de Grammont.

Je n'ai pas tardé à voir les mines de fer qui produisent le meilleur de toute la France. Elles sont à une lieue et demie de Belfort, de chaque côté du chemin. J'ai examiné celles qui en sont les plus voisines. Ces mines sont en grains plus ou moins gros, les uns ont jusqu'à quatre ou cinq lignes de diamètre ; d'autres n'ont pas plus d'une demi-ligne ; ces grains, presque ronds, sont dans une espèce de roche calcaire très-dure et d'un grain extrêmement fin. Cette pierre est fort susceptible de recevoir un très-beau poli, sa couleur est grise, blanchâtre, semblable à celle de la corne ; c'est en général un mauvais marbre, par rapport au peu de continuité de ses parties, mais c'est une des meilleures pierre à chaux qu'on connoisse.

Ce qu'il y a encore ici de remarquable, c'est que la mine de fer ne se voit pas seulement dans cette pierre, mais aussi dans un banc d'un chite gris très friable, qui se trouve à soixante ou quatre-vingt pieds au-dessous de ces roches de pierre calcaire ; et ce qui n'est pas moins digne d'attention, c'est que cette mine est beaucoup plus légère que celle dont je viens de parler, et qu'elle participe infiniment de la matière dans laquelle elle se trouve. On en retire à peine la moitié du fer que produit celle qui est dans la roche calcaire ; mais aussi on est dédommagé du peu de richesse par l'abondance de la matière. On dégage la mine des parties étrangères par un simple lavage, pour la rendre propre à être fondue.

Il se rencontre souvent des dentrites sur ces roches calcaires, que coupent assez fréquemment des veines de spath calcaire qui n'est pas très blanc : il s'en trouve de cristallisé en dents de cochon et triangulairement.

Après ce que j'ai dit de la ville de Belfort et de ses environs, il est évident que le terrein de ce pays est entièrement calcaire. La ville est située au bas d'une côte formée des plus grands et des plus beaux bancs de pierres calcaires, remplies de coquilles. A un quart de lieue avant d'y arriver, le chemin passe entre deux montagnes très-rapides en quelques endroits, et qui ont environ cent pieds de hauteur. Une des plus remarquables à la droite du chemin, est celle que l'on appelle le Bromont ; elle est couverte d'arbres jusques près du sommet qui est garni de rochers calcaires, très-larges, horizontaux et parallèles. Les autres montagnes qui sont à la gauche ne sont, à proprement parler, que la coupe du terrein formée par les eaux ; ce qui prouve qu'autrefois une rivière a traversé cette vallée. On peut croire que c'est la même qui passe maintenant au bas de Belfort.

Ces montagnes sont presque aussi élevées que celles qui sont à la droite, les rochers calcaires y sont absolument les mêmes, toujours en couches très-régulières ; cette espèce de pierre très-compacte et fort susceptible de prendre un beau poli, est d'un gris bleu et fort remplie de coquillages marins.

Le château fortifié est aussi construit sur des roches calcaires, qui ont trente ou quarante pieds d'élévation du côté de la ville. J'ai fait le tour de la montagne qui est au sud-ouest de Belfort, et sur laquelle il est placé ; j'ai trouvé beaucoup de carrières en exploitation ; la pierre est en couches assez épaisses et souvent horizontales comme celles des rochers. Je n'avois pas encore vu, depuis le commencement de mon voyage, autant de coquilles et de corps marins que sur cette partie de montagne ; partout les pierres sont remplies d'oholites, de cornes ; j'ai même observé des fuseaux parfaitement conservés et de petits poissons, ainsi que des insectes entiers et qui avoient encore leurs antennes. Les couches de pierres calcaires sont quelquefois très inclinées du côté du midi, et quelquefois un peu brisées du côté de l'orient. Vers le bas de la montagne les rochers disparoissent pour quelques instants, mais en continuant de faire le tour de la ville, j'en ai trouvé d'énormes à l'ouest, qui servent de fondement à un ouvrage de fortification isolé ; ces rochers sont comme ceux dont je viens de parler, très inclinés au midi ; les bancs sont presque parallèles ; on en compte huit bien séparés ; ils sont extrêmement épais, plusieurs ont jusqu'à neuf pieds de largeur, les autres en ont quatre à cinq.

En sortant de Belfort pour aller à Champagney, j'ai voyagé encore pendant une lieue et demie dans le pays calcaire ; parmi les pierres dont le chemin est composé, j'ai examiné souvent des fragmens très considérables de cornes d'Ammon, j'en ai vu d'entières qui ont plus d'un pied de diamètre, et quelques morceaux qui ont appartenu à de bien plus grandes encore.

A une lieue et demie de la ville, on trouve à gauche du chemin un étang assez vaste ; c'est dans ces environs que j'ai rencontré quelques pierres marneuses le terrein l'est aussi. Cette marne est le résultat de la mixtion de la matière calcaire et du bol (1)

____

(1) Grès rouge.

qui commence très près de cet endroit : de sorte qu'en séparant le pays bollaire du pays calcaire, le terrein intermédiaire participe en quelque façon de la nature de l'un et de l'autre ; il devient rougeâtre et quelques fois verdâtre ; les champs sont ondulés comme ceux de Villenheim ; cette terre bollaire est très sèche, et plus on approche du village de Magny, plus elle devient sableuse et rouge.

Avant d'entrer dans ce village, on descend une petite montagne de pierre de sable rouge, dont les couches sont extrêmement minces et parallèles. Au pied de cette montagne qui est peu élevée, coule d'occident en orient, la rivière de Rahain. J'ai remarqué à la rive gauche de très gros rochers de sable sans gallets. Ces rochers sont blanchâtres par le bas, et dans les endroits qui sont mouillés souvent. Cela vient, comme j'ai déjà eu occasion de le dire, du lavage qui entraine les parties ferrugineuses colorantes. Ces rochers sont très gros, brisés et point en couches, ils sont aussi fort inclinés. Le village de Magny (1) est dans le vallon de Champagney qui est formé par de petites montagnes. Ce vallon est d'un aspect triste ; il est large d'une demi-lieue dans plusieurs endroits. Les champs ne présentent pas l'image de la richesse et de la fertilité de ceux d'Alsace. Les côteaux ne sont couverts que de bois et disposés d'une manière peu agréable à la vue. En général, le paysage n'offre rien de pittoresque ; désert, sans être sauvage, rien n'y charme l'ennui de la route, parce que rien n'y interrompt l'uniformité du spectacle.

Champagney est à l'occident du premier village ; il est arrosé par la même rivière de Rahain. Le chemin qui conduit de l'un à l'autre est très pierreux ; il est construit de cailloux de granit. Les fameuses mines de charbon sont à une demi-lieue au nord de Champagney, au milieu des bois.

La première gallerie dans laquelle je suis entré, est à la droite du chemin ; elle est creusée de neuf cent pieds dans l'intérieur de la montagne, qui, quoique assez peu élevée, l'est cependant d'avantage que les voisines ; elle est formée, comme les montagnes à houille le sont ordinairement, de chite à peu près grisâtre et assez dur ; et sur son sommet qui est couvert de bois, il se trouve quelques pierres de sable. La grande couche de charbon de terre qui s'étend dans cette montagne, est inclinée de vingt

—

(1) Section de la commune de Champagney.

degrés au levant, épaisse de sept à huit pieds et enfoncée de quinze toises dans l'intérieur. On n'en rencontre point plus près de la superficie. Ce charbon est un des meilleurs de toute la France ; en général, le plus estimé pour le service des forges est celui qui vient du voisinage des pays de première formation, comme l'est celui-ci.

Cette grande couche de huit pieds d'épaisseur est coupée dans toute sa longueur à environ trois pieds au-dessus du plancher, par une espèce de lame de chite de huit à dix pouces : j'ai remarqué, comme une particularité très extraordinaire, que cette lame de chite bleuâtre conserve toujours la même distance du sol et du plancher, quoique le filon s'abaisse infiniment dans la colline, en gardant cependant son inclinaison au levant.

Ce filon est coupé souvent lui-même en différens sens par d'autres lits ou nerfs de chite remplis de pirite jaune martiale. Ces lits sont assez communs, ils sont plus ou moins larges et ne suivent aucune route déterminée. Celui dont j'ai parlé est le seul qui se prolonge régulièrement du nord au midi et qui reste constamment dans la même direction ; quelquefois cependant il s'étend en tous sens et il finit enfin par couper entièrement la couche de charbon dans une espace de douze à quinze toises, après lequel celle-ci se trouve absolument la même qu'auparavant.

On a fait dans cette montagne de grandes excavations de part et d'autre ; mais on n'a rien étayé en bois : et c'est une des plus grandes dépenses des mines qu'on a épargné. La mine de bonne qualité est si abondante, et cette couche est si riche, qu'on s'est contenté de laisser des espaces de gros pilliers de charbon de quatre à cinq pieds de diamètre, qui disposés à peu près à une toise l'un de l'autre, soutiennent le toit de la mine qui d'ailleurs est naturellement très solide.

C'est tout ce que le naturaliste voit dans cet arrangement d'industrie et d'économie. Il présenteroit d'autres objets à l'œil du poëte. Contemplant avec terreur cette vaste enceinte tapissée de deuil, ces voûtes souterraines portées sur des colonnes noires informes et espacées sans ordre, son imagination ne verroit dans cette architecture irrégulière et lugubre, qu'un monument consacré à quelque divinité funèbre.

Après avoir bien examiné ces grandes excavations, je suis entré dans l'ouverture d'une autre montagne voisine ou plutôt d'un monticule traversé par une gallerie d'un bout à l'autre ; je suis ensuite monté sur son sommet et je n'y ai point rencontré de pierres sableuses, même sur la partie la plus élevée qui est couverte d'arbres, mais seulement du chite articulé qui constitue toute sa composition. Il est d'autant plus dur, à ce que j'ai cru remarquer, qu'il est plus éloigné des couches de charbon.

La couche qui est dans cette dernière montagne, n'a que quatre pieds d'épaisseur, inclinée au midi, elle n'est ni divisée ni coupée par aucune lame de chite : il s'y trouve moins de pirite que dans l'autre : cette mine est appellée mine de Ronchamp, parce qu'elle est sur le territoire de ce village. ·

Il y a en encore une sur celui de Champagney, vis-à-vis de cette dernière. La couche de charbon est inclinée comme la précédente au midi, et beaucoup plus épaisse, puisqu'elle a environ sept pieds. Elle n'est traversée dans son milieu par aucune lame de chite, mais seulement par quelques nerfs remplis de pirites ; aussi fournit-elle une grande quantité de vitriol vert dans tous les environs de ses galleries, et partout où ces mêmes pirites ont été assez longtemps exposées à l'air libre pour avoir eu le temps de s'y décomposer.

On y faisoit autrefois de l'alun que ces chites fournissent très abondamment ; mais il étoit trop mêlé avec le vitriol qui empêchoit souvent la purification parfaite ; c'est ce qui fait qu'on a abandonné cette branche de commerce ; le vitriol effleuri sur ces chites est dissous par les eaux, et il se perd, tandis qu'on pourroit l'employer si avantageusement et à tant d'usages.

Parti de Champagney pour Giromagny, j'ai remonté le long de la vallée, de l'occident à l'orient ; le chemin est encore très pierreux ; ce ne sont que des cailloux de granit, ou des fragmens de toutes sortes de pierres.

Les montagnes à gauche de ce chemin sont assez peu élevées ; elles sont composées, comme celles des mines de charbon, d'un granit chiteux, fort dur ; tandis que les montagnes à droite, ou au-delà de la vallée sont sablonneuses et bollaires, comme l'est tout le pays de ce côté.

Cette vallée divise donc le pays en deux parties fort différentes, l'une sableuse et l'autre primitive. Cependant parvenu au village nommé Plancher le Bas, j'ai vu que tout le sol est formé d'ardoises pures, parmi lesquelles j'en ai trouvé de rouges et de verdâtres.

En avançant vers le village d'Auxelles, cette espèce se perd insensiblement; sa qualité graniteuse se fait voir de plus en plus ; et cette espèce d'ardoise change de nature; elle s'amincit infiniment, de manière que sur la montagne qui touche ce dernier village, je n'ai pas vu de couches plus épaisses que d'un demipouce ; presque partout elles sont horizontales et parallèles, rarement perpendiculaires; la couleur est presque toujours violette plus ou moins, et mêlée de gris.

Le village d'Auxelles qui est au pied de cette montagne est traversé du nord-ouest au sud-est, par une petite rivière qui se réunit à la Savoureuse, et qui charie une grande quantité de cailloux de granit tombés et entrainés par les eaux des montagnes voisines. Ce village est dans une situation assez triste, enfoncé et placé au pied de très hautes montagnes qui sont au nord. J'ai trouvé près de leurs sommets beaucoup de masses de granit roulées et tombées des promontoires plus élevés. J'y ai vu aussi beaucoup de masses de sable rouge ; et ces masses m'ont paru d'autant plus abondantes que j'avançois davantage vers Giromagny ; toute cette partie de montagnes m'a semblé formée de blocs ainsi entassés les uns sur les autres avec le sable.

J'ai fait environ une demi-lieue sans rien observer de différent ; enfin près de Giromagny, au commencement de la descente, j'ai aperçu à la gauche du chemin, une carrière de pierres de sable creusée dans la montagne au-dessous du niveau de la chaussée. Ses bancs qui sont horizontaux sont visiblement la base de cette montagne sur laquelle se sont accumulées toutes les roches roulées. Cette pierre est en couches très-épaisses et très-longues. Elle est d'un grain fin et serré. Sa couleur est rose, veinée de blanc et de bleu, ce qui la fait un peu ressembler au marbre. C'est la seule fois que j'en ai remarqué d'aussi bien colorée et où les nuances soient si distinctes. En l'examinant avec attention, j'ai reconnu qu'elle est un peu argilleuse, ce qui ne m'a point étonné, puisque les montagnes voisines sont chiteuses et conséquemment argilleuses.

D'après ce que je viens de dire, on comprendra aisément que ces bancs de pierre de sable doivent s'étendre fort au loin dans la montagne dont l'intérieur même, jusqu'à une certaine hauteur, pourroit bien en être composé.

Je suis enfin arrivé au bourg de Giromagny si connu par ses

beaux granits, et encore plus par une des plus grandes et des plus anciennes exploitations de mines de la France.

Le bourg est dans une vallée assez agréable, arrosée par la Savoureuse; cette vallée est dirigée à peu près de l'est à l'ouest; les montagnes qui la forment sont très-élevées; quoique couvertes de bois, elles sont cependant remplies de veines et de filons métalliques; ce qui prouve, comme je l'ai déjà dit, que les montagnes qui renferment des métaux dans leur sein, peuvent être ombragées et produire des arbres de toute espèce. Observation bien contraire à l'opinion de quelques auteurs, entr'autres de Lehmann, qui a prétendu que les vapeurs qui s'élèvent des montagnes à mines, brûlent les arbres, et que par cette raison elles sont nues et pelées, et ne produisent aucune plante.

Les montagnes qui sont autour de Giromagny ont une même conformation. Leur intérieur est composé de granit ou roche à filons; tandis que sur la hauteur, et en général partout à l'intérieur, on voit des masses de granit de la plus grande beauté et variées à l'infini.

Je suis allé sur la montagne de St-Pierre, au N. du bourg. J'ai vu l'ouverture de la galerie du même nom qui va d'occident en orient, ainsi que plusieurs autres qui sont abandonnées depuis longtemps. Ces filons fournissent de l'argent et du cuivre; j'en ai encore trouvé dans les haldes de beaux morceaux, ainsi que du quartz vitreux, et des spaths de plusieurs espèces.

J'ai visité ensuite les anciennes galeries de la montagne de St-Daniel, au nord-ouest de Giromagny et plus éloignée que celle de St-Pierre. La montagne est très haute et très étendue de tous côtés. Le premier promontoire appelé Fainitorne est dépouillé de terre. J'en ai examiné le granit, c'est une véritable roche à filon. Le filon qui se dirige du midi au nord, fournissoit abondamment dans la plus grande profondeur où l'on a pu parvenir, de cette espèce de mine connue des Minéralogistes sous le nom de mine d'argent grise; elle donne toujours plus de cuivre que d'argent, mais celle-ci était fort riche, puisqu'on en tiroit de trois à huit marcs d'argent. On voit encore la galerie de cette fameuse mine qui est ouverte; il y avait deux autres filons dans cette grande montagne de St-Daniel qui fournissoient principalement de la mine de plomb avec du spath fusible.

On rencontre encore au bas de cette montagne qui est toute couverte de haldes, beaucoup de minerais et différens morceaux ou quartzeux ou de spath. C'est sur sa hauteur que l'on trouve les plus belles masses de granit. J'en ai mesuré une qui a dix pieds de large sur douze de hauteur. La variété de la couleur de ces granits est une chose aussi agréable que singulière. J'en ai vu de couleur de rose avec des taches vertes, de noir à mouches blanches, de vert à points blancs, de gris à petits grains blancs et rouges, de brun filonné de vert, enfin toutes ces espèces différentes s'y rencontrent, et l'on ne conçoit pas la raison pour laquelle ces granits sont tous si variés sur cette montagne et dans les voisines ; je pense que ces masses énormes doivent être considérées comme de grands cristaux formés au lieu où on les trouve, aussi sont-ils pourvus de tous leurs angles et plusieurs ont des figures régulières. En considérant la composition générale de ces montagnes, on remarque donc que toutes se ressemblent en ce qu'elles sont formées par des masses entassées les unes sur les autres extérieurement, tandis que leur intérieur est formé d'une roche continue et chiteuse où se trouvent les filons.

La vallée de Giromagny se prolonge du côté de l'ouest jusqu'au Ballon. Depuis ce bourg on monte continuellement, de manière qu'au sommet de la montagne, on est élevé au-dessus de Giromagny de sept à huit cent toises perpendiculaires au moins. Le chemin qui y conduit est un ouvrage digne des Romains. L'ingénieur qui l'a construit, a eu le talent de le faire circuler avec tant d'intelligence que la pente est aussi douce qu'il soit possible et qu'on s'apperçoit à peine qu'on s'élève. Cette route est souvent taillée dans le granit, et cependant elle est parfaitement unie et on ne peut mieux entretenue. Rien n'est aussi plus agréable et plus varié que les objets qu'on rencontre depuis Giromagny jusqu'au pied du Ballon, et rien de plus imposant que l'aspect de ces groupes de montagnes dont le sommet applâti, s'appelle proprement le Ballon.

D'abord on côtoye pendant environ une lieue et demie les montagnes qui sont à gauche de la vallée dont le fond est tapissé de prairies vertes et unies, traversées par des ruisseaux d'une eau vive, et assez limpide pour laisser distinguer les petits cailloux qu'ils charient. Ces ruisseaux se réunissent, puis se divisent de nouveau et forment de petites isles de distance en distance. De part et d'autre sont des rochers que la nature a pris soin de tailler de la manière la plus pittoresque. Çà et là on voit des blocs de granit dispersés, roulés ou tombés du haut des montagues. D'autres paroissent être suspendus et arrêtés par des branches ou de petits arbrisseaux qui croissent sur la pointe de ces roches presque nues ; inclinés et baissés au dessus de la vallée, ils ombragent la prairie et bornent l'horizon par l'aspect le plus frais et le plus doux, tandis que le sapin élève sa tête majestueuse et ses ramaux toujours verts sur le sommet de ces hautes montagnes.

J'ai examiné à une lieue de Giromagny, très près de la chaussée, une veine de quartz, large à peu près de six pieds, haute de douze ; elle est inclinée à l'occident, Ce quartz est parfaitement blanc aux deux extrémités ; mais le milieu est coupé par une couche particulière de pierre verte, très friable, ressemblant beaucoup à la pierre ollaire. Le quartz qui la touche des deux côtés est rougeâtre, c'est-à-dire veiné de rouge, il est vert aussi d'espace en espace et absolument vert de cuivre, ce qui m'a porté à croire que ce filon fournissoit de ce métal. J'ai appris en effet que dans l'espérance d'en trouver, on avoit fouillé le terrein, après que les travaux du chemin l'eurent mis à découvert ; mais maheureusement ce filon est comme tant d'autres qui donnent des marques stériles de mines, dont les apparences trompent ceux qui n'ont que des demi-connaissances en minéralogie, et ne leur font faire que trop souvent des dépenses en pure perte.

Au milieu des petites habitations qui ajoutent à la diversité des objets qu'on rencontre de toutes parts, on voit aussi de distances à autres, des cascades qui tombent précipitamment du haut des montagnes, roulant leurs eaux dans les ravins profonds creusés dans le roc, et dégagent le granit de la terre qui le couvroit. Ces eaux se réunissent toutes au ruisseau qui coule dans la vallée.

Je suis enfin arrivé sur le Ballon, proprement dit, et j'ai suivi cette superbe route dont toutes les circonvolutions passent dans le bois qui couvre toute la montagne jusqu'au sommet ; je n'ai rien remarqué de nouveau, toujours des rochers de granit à filons et quelquefois chiteux et des masses de granit détachées et éparses.

Le Ballon a deux sommets comme le Donnon : le plateau qui est entre les deux est assez étendu, il n'est couvert que de gazon et semé de quelques petits arbres foibles et languissants que le froid empêche de croître et de se multiplier. Je ne pus jouir de l'agrément de la vue, parce que le ciel étoit fort nébuleux, ni découvrir du plateau de cette montagne, toute la plaine d'Alsace de laquelle il est élevé de huit à neuf cent toises.....

**

Françoise Eléonore de Jean de Manville, née en 1750 épousa le comte de Sabran et devint veuve au bout de quelques années de mariage. En 1777, elle fit la connaissance du chevalier de Boufflers, alors colonel du régiment de Chartres. Ils émigrèrent pendant la Révolution, se marièrent en 1797 à Breslau et ne rentrèrent en France qu'en 1800. Le chevalier est mort en 1815 et la comtesse de Sabran en 1827. *La Correspondance de la comtesse de Sabran avec le chevalier de Boufflers* (1778-1788) a été publiée en 1875 par de Magnieu et Prat. Nous en extrayons l'excursion faite par la comtesse de Sabran au Ballon d'Alsace.

3 Septembre 1787.... Pendant ce temps, la belle aurore préparoit l'arrivée du soleil pour notre plaisir et semoit son chemin de topazes et de rubis, au milieu desquels on voyoit briller l'étoile du jour. Insensiblement, il paroit à nos yeux comme un globe de feu, d'où s'échappa en peu d'instants un foyer de lumière que l'œil ne pouvoit plus fixer et devant lequel j'étois tentée de me prosterner d'admiration. Quel éclat ! Quelle majesté ! En vérité, je crois que c'est le Dieu du monde. On n'a pas idée de ce spectacle quand on ne l'a vu que de la plaine et je me sais bien bon gré de m'être donné un peu de peine pour me procurer un si grand plaisir. Nous regardâmes ensuite tout le pays avec attention et nous vimes très distinctement le mont St-Bernard et le Mont Blanc, toute la chaine des montagnes noires, le Rhin, une partie de l'Alsace, la Lorraine et la Franche-Comté. La vue n'a de borne à cette hauteur que celle des yeux.... nous aperçûmes un petit chalet sur la crête de la montagne. Nous vimes une étable bien garnie des plus belles vaches du monde, bien propre et bien aérée avec une cuisine à côté : il y avoit une chaudière sur le feu, dans laquelle, sans discontinuer, l'on versoit des torrents de lait qui étoient d'une blancheur éblouissante et qui nous faisoient venir l'eau à la bouche....

Le maitre du logis étoit un bon anabaptiste assez sauvage, mais fort hospitalier....

Il y a pour communiquer de l'Alsace à la Lorraine une chaussée digne des Romains qui a dû coûter des peines et des sommes incroyables ; elle tourne toute la montagne à travers les rocs escarpés qu'il a fallu aplanir au-dessus des abimes, où l'on a construit des ponts faits pour durer deux mille ans. Au milieu du chemin, l'on trouve une belle et grande fontaine (1) revêtue de marbre que feu M. le Dauphin a fait faire pour la commodité du voyageur et sur laquelle est en conséquence une inscription en son honneur....

Quand nous eûmes descendu toute la montagne, c'est-à-dire fait à peu près deux lieues, nous continuâmes de marcher à travers des prairies émaillées de fleurs et des terres bien cultivées ; de temps en temps, nous rencontrions de petites chaumières fort propres avec les meilleures gens du monde. Après cinq heures de marche, nous sommes arrivés tout auprès des mines de Giromagny pour voir une manufacture de granit qui étoit autrefois très-florissante, et qui est abandonnée aujourd'hui : les entrepreneurs s'y étoient ruinés. L'on y voit encore de beaux vases qui ne tentent personne à cause de leur taille et de leur cherté, et quelques échantillons de différents granits que j'ai bien vite acheté pour mon cabinet d'histoire naturelle avec quelques morceaux de mines assez curieux.

*
* *

Arthur Young, agronome anglais (1741-1820), né dans le comté de Suffolk, publia en 1792 l'ouvrage intitulé : *Voyage en France pendant les années 1787, 1788, 1789*, dont nous extrayons le récit suivant :

Le 25 (Juillet 1789) — A partir d'Isenheim, le pays s'accidente et devient meilleur jusqu'à Belfort ; mais il n'y a ni clôtures, ni maisons disséminées. Grands troubles à Belfort ; hier la populace et les paysans ont demandé aux magistrats les armes en magasin ; ils étaient de trois à quatre mille. Se voyant refuser, ils ont fait du bruit et menacé de mettre le feu à la ville ; alors on a fermé les portes. Aujourd'hui, le régiment de Bourgogne est arrivé pour maintenir l'ordre.

M. Necker (2) vient de passer ici pour retourner de Bâle à

---

(1) Voir le récit de voyage de l'abbé Grégoire.

(2) Le ministre de Louis XVI qui avait été éloigné de la Cour au mois de Juin 1789, mais rappelé de Bâle à la suite des évènements du 14 Juillet. Les archives de Belfort FF 30 possèdent une lettre de Necker du 31 Août 1789, dans laquelle il remercie le magistrat de cette ville du bon accueil qu'il a reçu à son passage quand il retournait à Paris.

Paris ; quatre-vingts bourgeois l'escortaient à cheval, et les musiques de régiment l'ont accompagné pendant qu'il traversait la ville. Mais la période brillante de sa vie est terminée : depuis sa rentrée au pouvoir jusqu'à l'assemblée des états, il a eu dans ses mains le sort de la France et des Bourbons, et, quelle que soit l'issue de la confusion présente, cette confusion lui sera reprochée par la postérité, puisqu'il pouvait donner aux états la forme qui lui plaisait. Il pouvait, par un décret, établir deux Chambres, ou trois, ou une ; il pouvait organiser quelque chose qui eût abouti certainement à la constitution anglaise : rien ne lui manquait ; c'était la plus belle occasion pour élever un édifice politique qu'un homme ait jamais eue ; les plus grands législateurs de l'antiquité n'en connurent jamais de semblable. Selon moi, il l'a manquée complètement, et abandonné aux vents et aux flots ce qui aurait dû recevoir de lui et l'impulsion et la direction.

J'avais des lettres de M. de Bellonde (1), commissaire de guerre ; je le trouvai seul ; il m'invita à souper, disant qu'il me ferait rencontrer des personnes bien informées.

Lorsque je revins, il me présenta à Mme de Bellonde et à un cercle d'une douzaine de dames et de trois ou quatre jeunes officiers ; lui-même quitta le salon pour se rendre auprès de madame la princesse de quelque chose, qui se sauvait en Suisse. J'envoyai la compagnie au diable, car je vis, du premier coup d'œil, sur quoi elle avait tant de renseignements à me donner. Il y avait dans un coin une petite coterie autour d'un officier arrivant de Paris : ce monsieur voulut bien nous répéter ensuite que le comte d'Artois et tous les princes du sang, excepté Monsieur et le duc d'Orléans, toute la famille Polignac, le maréchal de Broglie et un nombre infini de gens de la première noblesse s'étaient enfuis du royaume, que d'autres les imitaient chaque jour, et qu'enfin le roi, la reine et la famille royale se trouvaient à Versailles, dans une position aussi dangereuse qu'alarmante, sans confiance aucune dans les troupes, et, en réalité, prisonniers. Voici une révolution effectuée comme par magie : il ne reste debout dans le royaume que les communes ; il n'y a plus qu'à voir quels architectes elles feront, maintenant qu'il faut élever un édifice au lieu de celui qui a si merveilleusement croulé. On annonça que le

---

(1) Subdélégué de l'intendance d'Alsace à Belfort, construisit en 1783 l'hôtel actuel de la Préfecture.

souper était servi ; comme je ne me pressai pas de quitter le salon avec les autres personnes, je restai seul en arrière ; j'en fus frappé, et je me trouvai dans une singulière position que j'avais cherchée, pour voir si elle m'arriverait. Je pris alors mon chapeau en souriant, et sortis tout droit de la maison. On me rejoignit au bas de l'escalier ; mais je parlai d'affaires, de plaisirs ou de quelque autre chose, ou de rien du tout, et retournai en hâte à l'hôtel. Je n'aurais pas rapporté ceci si le moment n'en fournissait l'excuse ; les inquiétudes et les distractions du jour doivent remplir la tête d'un homme : quant aux dames, que peuvent penser les dames d'un homme qui voyage pour la charrue ?........

**

En 1790, Mme Gauthier a publié en Suisse le *Voyage d'une Française en Suisse et en Franche-Comté*. Nous en tirons le passage suivant :

Lettre VIII.   A Béfort le 23 (Juillet 1789).

Nous sommes arrivés heureusement à Lure, à l'aide de nos passe-ports, qu'il a fallu souvent montrer aux paysans qui couvroient les chemins. La ville étoit illuminée, pour éloigner les brigands qui dans la matinée avoient dévasté les maisons des chanoines. Les portes, les fenêtres et les voitures étoient brisées, les glaces, les vitres, les marbres, les porcelaines, les faïences étoient réduits en poudre et formoient des éminences ; on distinguoit à travers des monceaux de marquetterie qui la veille faisoient partie des meubles. Après le pillage des maisons des chanoines, les brigands furent à l'église où ils volèrent une partie des vases sacrés : ceux que l'on put soustraire à leur fureur, furent promenés dans la ville. Cette procession servit de signal, les bourgeois s'assemblèrent, s'armèrent et chassèrent les ennemis dont deux furent tués et plusieurs blessés.

Le lendemain, nous arrivâmes pour dîner à Belfort : les auberges étoient remplies des malheureux habitants de la Franche-Comté. Le reste du jour, il en arriva tant, que les voitures se succédoient comme lors d'un voyage de la cour. Tout y paroissoit fort tranquille ; la bourgeoisie, qui s'étoit enrégimentée (1), faisoit le service avec le régiment de la Vieille Marine. Les vil-

---

(1) Au cours de l'année s'était formée à Belfort une troupe de volontaires à cheval qui prenaient le nom de chasseurs et faisaient le service avec la milice bourgeoise (Cf. Revue d'Alsace, 1863 ; H. Hardy, les Volontaires à cheval de Belfort en 1789).

M. DCC. LVIII.

Tiré du Plan de la route Royale du Ballon de Giromagny
par un vieux Vicaire de Belfort "

fait le 1.er Mai 1783

lages voisins s'y étoient rendus dans le plus grand ordre avec des
drapeaux, marchant au bruit de leur musique champêtre. La garnison leur accordant les honneurs, un détachement alloit hors de
la ville les chercher et les reconduire. Cet accord duroit depuis
trois jours, où malgré la nécessité de moissonner, ils passoient
le temps à la ville pour attendre sous les armes, M. Necker (1)
qui étoit annoncé et au-devant duquel les troupes nationales ne
cessoient de marcher. De jeunes filles parées, portant de gros
bouquets, devoient également se trouver sur la route lors de son
passage. Afin d'en être instruit, deux magistrats étoient à Basle,
députés de la ville pour qu'au moment où son départ seroit arrêté,
ils partissent et vinssent en donner avis.

Dans l'après-midi du 14, les paysans qui n'étoient armés que
de fourches et de bâtons, demandèrent des armes, en promettant
de les rendre après le passage de leur dieu tutélaire. M. Dulau,
lieutenant-général, inspecteur de la division, eut la complaisance
de les promettre. Sans doute il en sentit la conséquence, et ne
les fit point délivrer. Quelques mutins coururent à l'arsenal, ils
cassèrent les fenêtres et essayoient de le forcer, quand on donna
ordre au régiment de la Marine de tomber dessus. Ils furent
arrêtés et conduits en prison ; les chasseurs d'Alsace balayèrent
les autres. Pendant plus d'une heure, il ne fut pas possible d'entrer dans la ville, la consigne étant seulement d'en laisser sortir.

Peu de temps après cette expédition, quarante-huit jeunes gens
de la ville, à cheval, toujours pour le même objet, vêtus de vert
et imitant les troupes légères, arrivèrent sur la place au galop ;
en même temps le tocsin sonna, les portes se refermèrent, et l'on
apprit que les brigands en petit nombre s'approchoient. Des dé-
tachemens furent envoyés pour les disperser, ce qui ne fut pas
long. Les dragons de la ville se remirent en route pour empêcher
les communautés voisines d'aller plus avant. Elles avoient entendu le tocsin, et venoient au secours de la garnison et des habitans de Béfort, qui n'a point hésité pour exécuter les ordres du
chef.

Notre projet avoit été de nous refugier à Montbéliard, et d'y
attendre que l'on pût en sûreté rentrer en France ; mais les états
de ce prince étant menacés, nous crûmes plus prudent de gagner
la Suisse. Ce parti devenoit d'autant plus nécessaire, que le soir

---

(1) Voir sur le passage de Necker à Belfort, le récit de l'Anglais Arthur
Young.

en rentrant à l'auberge, nous vîmes passer la princesse de Montbéliard avec ses enfans et une partie de sa cour ; elle se retiroit à Béfort. Le prince étoit resté à Etupe, où avec son artillerie, les gens de sa suite et un détachement de la garnison, qu'il avoit demandé, il se disposoit à recevoir les brigands. Il en fut quitte pour ces précautions : ils n'osèrent approcher. Ses possessions en Franche-Comté et les François retirés à Montbéliard furent cause du trouble : aussi les fit-il prier de quitter ses états.

Le lendemain, à six heures du matin, nous partîmes pour Bâle. Les troupes étoient sous les armes ; nous rencontrâmes des piquets de chasseurs qu'on avoit fait sortir pour observer les brigands, que l'on annonçoit être au nombre de cinq ou six cents. Je ne sais quel a été le résultat de la journée ; mais je ne doute point que ces préparatifs de guerre ne les aient dispersés....

**
* *

L'abbé Grégoire (1750-1835), curé d'Embermesnil, conventionnel montagnard, évêque constitutionnel de Blois, membre de l'Institut, a publié en 1798 un ouvrage intitulé : *Correspondance sur les affaires du temps*, 3 vol. On y trouve différentes relations de voyages parmi lesquelles celle qu'il fit au Ballon d'Alsace le 27 vendémiaire, an VI.

Le Ballon. - - Sur cette montagne, nous avons trouvé le doronic, la gentiane, la bistorte, le napel et une joubarbe dont la fleur est très jolie. La nature brute nous offre des fleurs à qui nous n'avons pas encore fait ''honneur de les admettre dans nos parterres et qui cependant les décoreraient ; telles sont la digitale, l'épilobium, le parmica, la salicaire et plusieurs vermiculaires, etc. Elles sont belles dans l'état sauvage ; que sera-ce lorsqu'une culture suivie en aura développé les couleurs.

Beaucoup de montagnes sont actuellement sans végétation, parce qu'étant taillées à pic, et leurs escarpements s'approchant de la perpendiculaire, les pluies ont délayé l'humus et l'ont amené dans les vallons, au lieu que la cime du Ballon, la plus haute montagne des Vosges, élevée d'environ six cents toises au-dessus du niveau de la mer, couverte d'excellents pâturages, déploie avec majesté sa vaste surface.

Le marquis de Pezay dans ses *Soirées alsaciennes, helvétiennes et franc-comtoises* parle de la route qui, venant de Remiremont, traverse cette montagne et descend en Alsace, comme d'un chef-d'œuvre, mais en observant qu'elle est la plus inutile de France. La pente est tellement ménagée qu'un cheval peut y galoper, soit à la montée, soit à la descente. On tourne sept à huit fois le dos à Giromagny pour y aller. Le génie a déployé bien des ressources dans cette construction, mais le côté des vallées n'est pas assez épaulé, les talus, qui descendent trop brusquement, commencent à s'ébouler. Cette route a couté dit-on, trois millions. Avec le tiers de cette somme, peut-être, pouvait-on l'exécuter en la faisant filer, autant qu'il est possible, dans les vallées ; elle eût été moins longue, moins dispendieuse, et le peuple eût été moins vexé.

Au revers méridional de la montagne est un obélisque, élevé en 1758 près d'une fontaine. On y lit ce distique latin qu'un Virgile n'aurait pas réclamé et qu'un républicain réprouve par son application à l'un des plus vils tyrans qui aient désolé la France, au sardanapale Louis XV.

> Imperat hic Lodoix, nec rupes horresce nec undas ;
> Suspice, dant rupes pocula monsque viam. (1)

Du haut du Ballon l'œil s'égare dans les plaines de l'Alsace, de la Franche-Comté, sur les montagnes de la Souabe, de la Suisse, etc.

Giromagny. — Le travail des mines y avait repris son activité. Au pied de la côte, on a pratiqué une ouverture pour rejoindre un filon d'argent qu'on assure être très riche. Autrefois, dans ce bourg, on travaillait le granit, mais l'entreprise était abandonnée quand nous visitâmes la contrée.

---

(1) Louis règne ici ! Ne crains ni ces rocs ni ces torrents.
  Vois, l'eau sort du rocher, et de la montagne sort une route.
Cette fontaine se trouvait au tournant de la route, au-dessous du chalet Boigeol. A côté du monument, était placée la maisonnette du gardien chargé de la surveillance de la chaussée. Le tout a disparu pendant la Révolution et il n'en reste que l'emplacement.
Notre collègue, M. Louis Boigeol a bien voulu nous autoriser à reproduire la fontaine du Ballon, d'après le dessin original qui se trouve en sa possession, extrait du « Plan de la route royale du Ballon de Giromagny par un vieux vicaire de Belfort, fait le 1er Mai 1783. »

* *
*

. Ch. Nodier, né à Besançon (1783-1844). littérateur distingué, membre de l'Académie française, a habité Lepuix en 1799. Il a écrit dans ses *Souvenirs de jeunesse* une nouvelle intitulée *Thérèse* et dont l'action se passe à Lepuix. Son héroïne, Thérèse, fille de Christ Burtscher qui fut une des personnalités marquantes du mouvement révolutionnaire dans sa commune, a exercé la profession de sage-femme à Lepuix où son souvenir est encore conservé par nombre d'anciennes familles. En 1802, Nodier écrivait à son ami Weiss : « Du courage, mon bon ami, et au mois de fructidor prochain, nous herboriserons dans ma chère montagne des Vosges et je te montrerai la belle mine de Giromagny et le beau vallon du Puix et la chaumière où habitait cette inconcevable Thérèse Kriss qui a servi de modèle à ma pauvre Stella » *Stella ou les Proscrits*, la première nouvelle qu'ait publiée Nodier, parut en 1802, trois ans après avoir quitté Lepuix. Cet ouvrage fut une œuvre d'opposition politique contre Bonaparte et valut un emprisonnement à son auteur.

Nodier nous décrit ainsi la belle vallée de Lepuix :

Il faut vous dire que depuis la chute des assignats, le Directoire avoit senti plus d'une fois la nécessité de mettre une grande masse de métaux en circulation. Comme il touchoit à sa fin et que les vieilles gens croient tout ce qu'on leur dit, le Directoire qui s'étoit laissé dire que la France étoit extraordinairement riche en mines d'argent, dépécha sur toutes les anciennes mines du pays des escouades d'explorateurs grassement payés et qui, bon gré mal gré, n'ont jamais envoyé une obole à la Monnaie. Je me trouvai colloqué dans l'expédion des Vosges où l'on cherche de l'argent de temps immémorial et dont les *ballons* coupés de routes splendides attestent d'immenses et inutiles travaux.

Nous étions tous jeunes, tous gens de bonne humeur et d'espérance, tous amis de notre devoir et impatients de découvertes. Nos travaux furent zélés et consciencieux, et longtemps même, ils ne furent pas sans espoir. Je me souviens qu'il n'y avoit pas

un de nous qui, au premier coup de marteau, n'eût découvert un
filon ; mais ce filon ne menoit malheureusement à rien, et les
moindres frais d'exploitation excédoient toujours d'un grand tiers
les plus brillants résultats. C'était une succession d'extases et de
désappointements pour lesquels je n'avais point alors de termes
de comparaison. Je me suis aperçu depuis que cela ressembloit à
la vie comme deux gouttes d'eau.

Nous arrivâmes au terme des fausses ambitions, au découra-
gement absolu. Il falloit alors épargner à l'Etat une dépense ridi-
cule ; mais cette défection désintéressée ne pouvait s'appuyer que
sur des calculs exprimés avec clarté. Je n'avois pas dix-huit ans,
et toute ma science se réduisoit à quelques bribes de latin, et à
la connoissance fort mal approfondie de quelques spécialités d'histoire naturelle, parmi lesquelles la minéralogie tenoit une toute
petite place. Mes camarades, qui auroient distingué à la cassure,
à l'odeur exhalée par friction, au contact de l'ongle, au happe-
ment de langue, toutes les substances inorganiques alors recon-
nues en géologie, s'étoient aperçu de bonne heure de mon inapti-
tude ; mais ils ne me contestoient pas un assez joli mérite de
rédaction que je rapportois fraichement d'une école de rhétorique
dirigée par le bon et judicieux Droz ; et il est vrai que je tradui-
sois lisiblement leurs pages un peu confuses, quand je parvenois
à y comprendre quelque chose. Il fut donc convenu que je réside-
rais à poste fixe dans un lieu central où me parviendroient tous
les documents, et d'où je ferois partir toutes les dépêches.

Les employés se répartirent sur les mines ; le chef se réfugia,
comme c'est l'usage, dans les délices urbaines d'Epinal et mon
poste fut fixé à Giromagny, près du ballon de ce nom dont les
trésors trop vite abandonnés peut-être étoient le principal objet
de nos investigations. Par un élan de dévouement tout particulier qui me fut avantageusement pointé sur mes notes de service,
je me reportai d'une grande lieue de rayon vers le centre dans un
village qu'on appelle le Puy, parce qu'il est exactement à la base
de la montagne ou du Podium. Vous tous qui avez voyagé en
tout pays et qui n'avez pas vu la gorge romantique du Puy, il
vous reste un voyage essentiel à faire et ne craignez pas que j'an-
ticipe sur les sensations délicieuses qu'il vous promet par une
de ces descriptions postiches qui, au bout du compte, ne peignent
rien. En effet, je n'ai jamais senti plus profondément l'impossi-
bilité de peindre. Quand vous serez arrivés de Giromagny au

pied du Ballon à travers cette route étroite et cependant moins opaque d'horizon que d'ombre et de fraicheur, comme dit le poëte latin, qui aboutit toujours à cette coupole si pure qu'on croiroit son hémisphère élégant émondé par le ciseau ou, selon les aspects du soleil, bruni par le polissoir, quand vous aurez franchi ce dédale d'arbustes en fleurs, jetés au travers d'un lac de verdure fraiche, soyeuse, émaillée, égayée par un ruisseau, dont les reflets d'argent rient en bondissant jusqu'à la hauteur de la pelouse qui le cherche....... — Hélas ! description, que me veux-tu ? — Vous tous, disois-je, qui avez voyagé en tous pays, et qui n'avez pas vu la gorge romantique du *Puy*, quand vous serez arrivés de Giromagny au pied du Ballon, vous conviendrez qu'il vous restoit à voir plus que vous n'aviez vu. Mais il auroit mieux valu y aller en 1799. Ce qui m'inspiroit pour le Puy, à moi, une prédilection si marquée, c'étoit l'impression toute récente d'une promenade que j'avois faite quelques mois auparavant, dans la ferveur de mes recherches entomologiques, à la poursuite de deux magnifiques insectes vosgiens, la *lamia edilis* et la *lamia Schœfferi*, et dont je n'avois rapporté qu'une amourette, mais une amourette qui avoit bien son prix, car c'étoit la première. Cette émotion ineffable d'un cœur adolescent à depuis influé sur ma vocation littéraire et peut être sur les autres. Elle m'a fourni les principaux détails de deux de mes *Nouvelles*, dont vous ne vous souciez guère, ni moi non plus. Jeune, je goûtois le plaisir le plus vif à ramener partout le roman de mon histoire ; vieux, je m'amuse encore à retrouver dans mes souvenirs l'histoire de mon roman.

J'avois obtenu un logement au Puy chez l'honnête M. Christ, patriote ardent et sincère, qui figuroit depuis dix ans, selon les intermittences favorables à son opinion, dans les fonctions municipales les plus éminentes de l'endroit, et qui étoit rentré, au grand déplaisir des aristocrates, depuis le 18 fructidor. C'était un homme à vues droites, mais absolues, qui traçoit une idée politique comme un bœuf trace un sillon, et qui marchoit hardiment dans ces principes avec l'intrépidité du colin-maillard, à droite, à gauche, au milieu, n'importe et le tout en conscience. J'en ai vu dix mille comme cela. Il avoit trois maisons au Puy, et il m'établit dans la maison la plus éloignée de celle où il habitoit, parce qu'il avoit autant de filles que de maisons, et que ses filles étaient très jolies......

D.-R.

AUTEURS ET OUVRAGES CITÉS